Otto Boerner

Raoul de Houdenc

Eine stilistische Untersuchung über seine Werke und seine Identität

Otto Boerner

Raoul de Houdenc
Eine stilistische Untersuchung über seine Werke und seine Identität

ISBN/EAN: 9783743611276

Hergestellt in Europa, USA, Kanada, Australien, Japan

Cover: Foto ©Thomas Meinert / pixelio.de

Otto Boerner

Raoul de Houdenc

RAOUL DE HOUDENC.

EINE

STILISTISCHE UNTERSUCHUNG ÜBER SEINE WERKE
UND SEINE IDENTITÄT
MIT DEM VERFASSER DES „MESSIRE GAUVAIN".

INAUGURAL-DISSERTATION

ZUR

ERLANGUNG DER PHILOSOPHISCHEN DOCTORWÜRDE

AN DER

UNIVERSITÄT LEIPZIG

VORGELEGT VON

OTTO BOERNER

AUS ROSSWEIN.

LEIPZIG

DRUCK VON PÖSCHEL & TREPTE.

1884.

Wenn am schlusse seines „Tornoiement de l'Antechrist"[1]) Huon de Mery den trouvère Raoul de Houdenc, an der seite des grossen Chrestien de Troies, als meister des „bel françois", als muster der sprache und verskunst preist, so legt dies ein beredtes zeugnis dafür ab, wie hoch Raoul in den augen seiner zeitgenossen und nachfolger gestanden, und wie sehr sein wirken die entwickelung der französischen nationallitteratur begünstigt hat.

In anbetracht dieser thatsache wird es, zumal Zingerle in seiner sprachlichen untersuchung[2]) besonders die grammatische seite der werke Raouls hervorgehoben hat, gerechtfertigt erscheinen, einmal den stil dieses, schon von seinen zeitgenossen anerkannten und geschätzten trouvère eingehend zu betrachten. Diese untersuchung des stiles Raouls de Houdenc soll eine betrachtung des romanes „Messire Gauvain par le trouvère Raoul" einschliessen, und zuletzt soll, an der hand der gewonnenen stilistischen belege, die noch immer unentschiedene frage beleuchtet werden, ob Raoul de Houdenc identisch ist mit dem verfasser des letztgenannten romanes.

Behufs anordnung des stoffes dienten dem verfasser als leitfaden: von grösseren und allgemeinen werken:
W. Wackernagel, „Poetik, Rhetorik und Stilistik", herausgegeben von Ludwig Sieber, Halle 1873.
Adelung, „Deutscher Styl." Brünn 1786.

---

[1]) Tarbé „Collection des poëtes Champenois." Reims 1851, tome XIII, p. 104, 105.

[2]) Zingerle: „Über Raoul de Houdenc und seine Werke, eine sprachliche Untersuchung." Erlangen 1880.

G. Gerber, „Die Sprache als Kunst." Bromberg 1871 und 1873.

R. v. Gottschall, „Poetik. Die Dichtkunst und ihre Technik." Breslau 1882.

von kleineren und speciellen arbeiten:

R. Grosse „Der Stil Chrestien's von Troies."[1]

M. Hannappel, „Poetik Alain Chartiers."[1]

Die abhandlung basiert auf folgenden ausgaben der werke Raouls und des „Messire Gauvain":

1) „Meraugis De Portlesguez, Roman De La Table Ronde Par Raoul De Houdenc," publié par H. Michelant. Paris 1869.

2) „Le Songe D'Enfer"   herausgegeben von Aug. Scheler in
3) „Le Songe De Paradis"   seinen „Trouvères Belges" (Nouvelle
4) „Li Romans des Eles"   Série). Louvain 1879.

5) „Messire Gauvain Ou La Vengeance De Raguidel. Poeme De La Table Ronde Par Le Trouvère Raoul" Publié par C. Hippeau. Paris 1842.

Im verlaufe der abhandlung sind die titel der eben genannten dichtungen abgekürzt wie folgt:

1) M. = Meraugis de Portlesguez.
2) S. d'E. = Le Songe d'Enfer.
3) S. d. P. = Le Songe de Paradis.
4) R. d. E. = Li Romans des Eles.
5) G. = Messire Gauvain.

Um eine bessere übersicht zu gewähren, werden die citate aus G. denen aus den übrigen dichtungen direct angereiht.

I. Teil.

Allgemeine Betrachtung des Stiles der Werke Raouls de Houdenc und des „Messire Gauvain."

Nach Wackernagel[2] wird anschaulichkeit der gedanken und vorstellungen durch zwei, einander nah verwandte und in einander fliessende mittel erreicht, nämlich durch

A. sinnlichkeit des ausdrucks in der wahl der worte und

B. lebendigkeit des ausdrucks in der anordnung der worte.

---

[1] Beide abhandlungen erschienen 1881 im I. bande der „französischen Studien", herausgegeben von G. Körting und E. Koschwitz.

[2] Wackernagel, a. a. o. pag 371 ff.

A. ist zu scheiden in I. die sinnlichkeit des ausdrucks
für das gesicht und in II. die sinnlichkeit des ausdrucks für
das gehör.

Bei der sinnlichkeit des ausdrucks für das gesicht wird
ein inneres, nur in der einbildung ruhendes sehen erfordert.
Die beiden glieder von A. I. sind a) die figuren, b) die tropen.
Während die figur nur den ausdruck, nicht aber die vorstellung verändert, verändert der tropus die vorstellung und
mit ihr meist auch den ausdruck.

A. I. Sinnlichkeit des Ausdrucks für das Gesicht.

a) Die Figuren.

1) Das Epitheton ornans.

Teils als einfache adjectiva, teils als apposition finden
sich die schmückenden beiwörter bei

α) heiligen personen und sachen:

Gott: S. d. P. 12. Le glorieus, le douc, le pieu. do. S.
d. P. 1088. — S. d. P. 91. A Diu, le pere droiturier. do
S. d. P. 953. — Paradies: S. d. P. 1055. Paradis celistre. —
S. d. P. 110. En Paradis, le glorieus
        Le saintisme, le precieus.

Kirche: R. d. E. 284. sainte glize. do. R. d. E. 287.

Die apostel und kirchenväter werden „saint" genannt:
S. d. P. 907; 908; 1101; S. d'E. 185.

β) bei menschen und bei, auf ihr leben bezüglichen
sachen und begriffen:

S. d. P. 1081. morteus hom. — M. 227, 6. franche creature. — S. d. P. 1355. boin crestiien. — M. 106, 4. gentil lignage. — M. 106, 5. haut parage. — S. d. P. 1356. siecle terriien. — S. d. P. 1235. vie mortel. — S. d. P. 1244. cruel jour
dou jugement. — R. d. E. 401. droite raison. — S. d. P. 576.
Humilités la senée. — S. d. P. 823. Desirier l'aparfongiet. —
S. d'E. 98. Foie Mentie La corte, la mal compassée. — R.
d. E. 290. biele cortoisie. — S. d. P. 749. boinne foi. — S.
d'E. 266. bataille chaude. — S. d. P. 780. ouvres douces et

pives. — R. d. E. 140. haut pris. — S. d. P. 373. piteus fre-
mirs. — S. d. P. 528. parfont souspir. — M. 148, 22. dolerouse
prison. — G. 2406. doloreusse raençon. — G. 2364. grief mar-
tire. — M. 234, 11. laid peril. — S. d'E. 644. vil pechié. —
S. d. P. 103. vilains pechiés. — S. d. P. 350. enturles pe-
cheours. — G. 708 traïtor felon. — R. d. E. 151. mauvais
couars. — S. d'E. 432. useries desloiaus. — S. d'E. 479.
vielles putains aplaqueresses. — S. d'E. 578. v. p. desloiaus.

γ· bei naturschilderungen:

S. d. P. 893. li grans riviere courans. — M. 72, 10. forest
oscure. — G. 1385. haut bois. — G. 551. la haute forest. —
G. 4481. la graut forest. — G. 3799. la forest soutraine. —
G. 1679. le verte forest — G. 4885. la mers noire et en-
nuble. — M. 145, 17. la haute mer. — M. 203, 7. la mer
parfonde. — M. 117, 23. d'or vermeilles. — S. d. P. 1001.
gemmes preciouses. — G. 2073. porpre vermelle.

Ausser den allgemeinen epithetis, welche in allen dichtungen nur spärlich vertreten sind, finden sich noch, und
zwar mit mehr vorliebe höfische epitheta, auf die ritter oder
deren damen bezüglich.

Allgemein auf den ritterstand bezieht sich M. 9, 18. li
errant chevalier. — M. 59, 14. francs chevaliers. — G. 806
und M. 96, 10 haut baron.

Auf einzelne, genannte ritter passend:

M. 15, 9. un chevalier Mult hardiz d'armes. — M. 16,
9. Uns chevaliers mult alosez — M. 18, 6. chevalier esleüz.
— M. 21, 3. chevalier de bon afere. — M. 31, 11. fier champions. — M. 31, 15. vaillant chevalier. — M. 126, 14. hardi
chevalier. — M. 73, 20. Meraugis li merveillens. — M. 77,
9. li gentilz Riolanz. — M. 77, 13. Li Laiz hardiz de Cornu-
aille. — M. 78, 2. Li cruels Sigurades. — M. 103, 1. li ortois
Espinogres. — M. 167, 2. Enchise le rous. — M. 209, 21.
Melians des Lils, li fiers. — M. 246, 9. Melians li salves. —
M. 154, 10. Li Outredoutez li cruels. li desloiaus. — M.

216, 8. Mesire Gawains li cortois. — S. d. P. 545. Orghius li fiers. — G. 5033. Raguidel l'orgillous, Li preus, li biaus, li mervillous. — G. 3660. Ydain la bele. do. 3676; 3994. — G. 3758. la bele Ydain. do. 3964; 4642.

Die dame wird reichlich bedacht mit epithetis allgemeinerer art, wie M. 207, 3. franche pucele. — M. 249, 25. une pucele preus et sage. — M. 3, 10. une fille mult vaillanz. — G. 1372. la pucele cortoise et simple; auch und besonders im M. finden sich schmückende beiwörter, um die schönheit einer bestimmten dame, um die schönheit ihrer einzelnen körperteile hervorzuheben. M. 41, 16; 42, 4. biax corps. M. 5, 22. corps bienfait et gent. — M. 18, 23. A. biau cors et de grant renon. — M. 26, 17. douz non. — M. 3, 22. le chief mult bien assis. — M. 43, 1. blont chief. — M. 50, 22. douz vis. — M. 4, 2. front haut, cler et bien fait.

Sourcilz ot à delié tret, Enarchiez, non pas bloi que brun. M. 4, 9. oeil douz. — M. 212, 15. douz regart. — M. 5, 2. nes traitiz et droit Et bele bouche et cler le vis. — M. 50, 23. douce bouche riant. — M. 50, 25. douz menton. — M. 5, 11. col bel et blanc et droit. — M. 5, 24. Beles espaules et biauz bras. — M. 5, 25. blanches mains.

Im G. sind derartige beispiele selten. G. 3564 chief blont. G. 4228. cevous blons et deliés. — G. 4230 col blanc. — G. 2088. Bras ot gros et puings bien taillés, Et les iols vairs et le vis cler.

Dem substantivum der anrede wird gern noch ein höfisches epitheton beigegeben.

Biax sire kommt im M. 3 mal, im G. 9 mal vor.

Biaus sire, ciers sire G. 5018 und 5169; Biaus sire rois G. 6154.

Bials dous sire G. 2054 und 5333.

Biax amis M. 88, 19; 139, 11; 245, 1; S. d'E. 87; G. 5322. Bials dols amis G. 1650.

Biax chiers oncles M. 223, 5. Beaus niés G. 524; 4041; 4006; 6137.

Biaus signors G. 157. Bous chevaliers M. 51, 12; 211, 18; G. 267.

Très cier ami G. 1714. Dous amis G. 3568. Drois chevaliers. R. d. E. 313.

Frans chevaliers G. 3394; 3404; 3426; 3440. Gentius hom. G. 3414.

Bele dame G. 1247. Bele amie M. 245, 1: G. 5105. Amie chiere G. 1924.

Douce amie M. 188, 9; G. 1930; 5336; 5345. Douce dame M. 20, 14. Loiaus amie G. 2048.

2. Umschreibung

Umschreibung für Gott:

S. d. P. 961. Tant que je vinc devant le Roi,
  Qui n'aime outrage ne desroi.

M. 64, 14. Mes par celui qui Dious a non.

S. d. P. 1271 li juges.

S. d. P. 1150. Où nostre sire maint et regne.

G. 692. A nostre signor faic .I. veu.

für Christus:

S. d. P. 900. Là trouvai je le roi de gloire
  Et sainte Marie, sa mere,
  A qui il est et fius et pere.

S. d. P. 365. De Paradis: cil nous i maint
  Qui en la grasce del chiel maint!

für Maria:

S. d. P. 1277. Neis la mere Dius tramblera.

S. d. P. 15. Et prent conseil à Nostre Dame. do 23.

für hölle:

S. d. P. 1160. ort liu.

für die teufel:

S. d. P. 1210. li anemi. S. d. P. 1270 cruel mestre.

für den obersten der teufel:

S. d. P. 1251. l'anemi. S. d'E. 613 und 620 li rois.

S. d. P. 1220. li mestres d'Infier.

Belchis, seiner hässlichkeit wegen stets mit dem bei-namen „li lais“ belegt, wird auch oft einfach li Lais genannt: M. 182, 20; 203, 24; 219, 10; 238, 2; 245, 3; 246, 4; 246, 20; 248, 2 und 77, 13 Li Laiz hardiz de Cornaille.

Meraugis trug eine weisse rüstung, deshalb umschrieben durch M. 231, 1 cil au blanc escu. M. 231, 10 Li blanc chevaliers. do. 236, 7; 238, 18; 239, 14.

Madus, eine schwarze rüstung tragend, hat den beinamen „li Noirs“ und wird umschrieben durch G. 2984. Li chevaliers à l'escu noir. G. 3162 und öfter li noirs chevaliers.

Guengasouin gilt als grausamer mensch:

G. 5512. Et le plus cruels hon del mont

Le vit et puis s'est escriés...

Umschreibend nennt der dichter die brüder und schwe-stern des benedictinerordens: noires moines S. d'E. 592 und S. d. P. 921; noires nonnains S. d'E. 594 und 543.

Einmal umschreibt Raoul das personalpronomen „ich“ durch die worte „der ritter meiner dame.“ Meraugis spricht:

M. 58, 17. Sire, si madame plesoit

Li chevaliers ma dame iroit En ceste queste.

3. Vergleichung.

Die vergleichungen werden entnommen: a) den mensch-lichen verhältnissen, b) dem tierreich, c) dem pflanzenreich, d) dem mineralreich, e) der übrigen natur.

Vermittelt werden die vergleiche meist durch comme oder einfaches que, durch ainsi comme, aussi comme, si comme, comme si und durch die verben sembler und ressembler. In comparativsätzen nähert sich die vergleichung der hyperbel.

a) menschliche verhältnisse.

Die augenbrauen der Lidoine waren so schön, als wären sie gemalt:

M. 4, 3. Sourcilz ot à delié tret

Enarchiez, non pas bloi que brun,

Si bel qu'il sembloit à chascun

Que il fuissent de main portret.

Von dem, in liebe versunkenen Meraugis heisst es:

M. 22, 22. Mes, com homme qui a songié
Remest toz priz enmi la voie.

Die helden bekämpfen sich wie wütende

M. 32, 6. Lors s'entrevont des poingz ferir
Com enragiez et hors du sens.

Ebenso leicht fasslich sind die übrigen vergleiche.

M. 147, 18. Einsi com s'il fust hors de sens
Regreti s'amie et complaint.

M. 187, 16. S'en va poignant tote sa voie
Si com la rage le convoie.

M. 153. 10. Qui voit que li chevaliers vet
Com cils qui de riens no se garde.

M. 242, 6. Leur dist, com homme sanz merci.

M. 156, 6. Et lors nous entrecorrons seure
Comme dui anemi de mort

M. 252, 19. Si comme mortials anemis.

Ein reiter, der sicher im sattel sitzt:

G. 4208. Et sist, ausi come il fu nés
El ceval, dedens les arçons.

ferner: M. 59, 13. Mult fist la dame que courtoise
Et cil dist que francs chevaliers.

G. 3482. vos faites que vilains.

G. 851. Je fis que fols, or me répent!

M. 89, 4. Il vient aïrez comme cil
Cui sámble qu'il doit tot le mond Confondre.

M. 176, 11. . . . Tant en i ot
Chevaliers que de loing semblot
Que toz li monds venist ensemble.

M. 14, 16. Que por le bruit des lances semblent
Dui ost qui soient assemblé,
Tant qu'à puceles a semblé Le tornoi fort.

G. 5446. Ains le fer en est resorti
Comme s'on ferist sor .I. tor
Quarriaus qui d'abalete ator.

G. 3220. Des .II. pars vienent anbedui
Plus droit que quarriaus qui destent.
S. d'E. 514. Si en fesoient granz delices
Partout, que il sembloit poison.

Dem bereiche des kirchlichen sind wenige vergleiche entlehnt:

G. 268. Mais aussi fers com li mostiers
Se tenoit li tronçons el cors.
G. 5477. Quant plus fiert, plus i rebondist.
Autant li vaut com s'il ferist
Son cop sur l'aguille Saint Père.
M. 204, 19. -- On lui garda
Et enferma en une aumaire,
Comme si ce fut saintuaire.

Dem teufel wird besondere schnelligkeit zugeschrieben:

M. 178, 12. — et li feus s'esprent
En un paliz devant la porte
Si comme diable l'emporte.

auch wut und hitzigkeit:

G. 5295. Li ors lor saut en mi le vis.
Ausi come .I. diables vis.
G. 5588. Plus caus que diables d'enfer
Li saut au vis.

b) Tierreich.

Stolz und kühnheit des löwen und leoparden:

M. 31, 9. Gorveinz et sire Meraugis
Fierz et hardiz comme dui lions.
G. 1114. Fierement comme dui lion.
M. 190, 3. Fier et hardi plus que liepart.
G. 5906. Il vient plus fiers que .I. lupars.

Feigheit des hasen:

M. 94, 24. Où li hardi sont plus coart Que lievre.

Schnelligkeit des hirsches:

G. 3247. Plus tost que cers qui est de lande.
G. 5358. Plus tost que dains. do. G. 675.

Leichter flug des vogels:

M. 240, 9. Plus tost qu'oissiax ne puet descendre.

S. d. P. 435. Car jou estoie si esniaus
Et si legiers comme uns oisiaus.

G. 4919. — la nés s'esmuet
Plus tost s'en vait, l'oissiels ne puet
Voler, quant il est esméus.

G. 5562. Lors hurte et vait, plus tost qu'Aronde [hirundo?].

M. 3, 23. — et li chevoil
Plus blonts que plume d'orioil[1])

Gefrässigkeit des fisches:

M. 52, 12. Hé Diex! de quoi fu arachiée
L'amour qui dedenz lui vola.
Ne sai, mes ses cuers l'engoula
Aussi com li poissons fet l'aim.

Süssigkeit des honigs: S. d. P. 372. plus dous que mieus.

Sehr obscön ist es, eine alte dirne mit einer eselin zu vergleichen:

S. d'E. 479. Vielles putains aplaqueresses,
Qui ont tous crevaces qu'asnesses.[2])

c) Pflanzenreich.

M. 4, 21. El ert plus fresche et plus vermeille
El vis que la rose en esté.

G. 3806. A monsignor Gauvain resanble
Que c'est la rose et l'esmeraude.

M. 5, 4. Et plus ert blanc que flour de lis.

G. 2173. Estoit plus bials que flors de lis.

---

[1]) Tarbé, im glossar des 13. bandes seiner „Collection etc." schreibt unter „oriol, pennes d'": Il s'agit propablement du loriot, que les anciens poëtes nomment „loriol".

[2]) Aug. Scheler. a. a. o. pag. 362 bemerkt hierzu: „Je ne saisis pas la pensée de l'auteur; crevace a-t-il un sens obscène?" Ich (d. v.) meine, es kann bei wortgetreuer übersetzung keine andere als eine bejahende antwort gegeben werden.

M. 12, 15. Mes sor toutes les autres semble
Lidoine rose et fleur de lis.

M. 230, 17. Sor un cheval plus noir que meure.

G. 3168. Plus noire que ne soit méure.

M. 226, 7. Qu'il est si sainz com une pomme.

G. 4726. Et cil brisse comme .l. escorce Sa lance.

d) Mineralreich.

M. 5, 5. Clers com argent erent ses denz.

7. Li dent resembloient d'argent;

9. Ot la gorgete esperital
Plus blanche que noifs ne cristal.

G. 3806. A monsignor Gauvain resanble
Que c'est la rose et l'esmeraude.

M. 160, 10. Uns chevaliers, Belchis li lois,
Qui a le front plus noir que pois.

e) Die übrige natur.

Die schönheit zweier damen wird mit der zweier monate
verglichen:

M. 12, 23. Itant vous di que la plus bele
D'eles qui plus ot le vis vrai
Sembloit vers lui fevrier vers mai.

M. 63, 9. Et fu d'autel robe atornée
Com ce fust enz el mois d'été.

Schnelligkeit des blitzstrahles, schnelligkeit des windes:

M. 190, 10. - — li cheval S'en fuirent plus tost que fou-
dre. do. M. 230, 17.

G. 3515. Se sont des cors entrecontré
Plus tost qu'esfoudre ne tempest.

G. 3194. Plus tost que vent ne cort par mer S'en issent.

M. 31, 2. — et vont plus tost que vent. do. M. 253, 1.

R. d. E. 513. Amurs, ki fait la gent amer
Resemble rose et vin et mer.

Die ausführung dieses schönen vergleiches findet sich
unter „gleichnis".

Wie ein fass in die ebene hinab, so läuft das blut aus den wunden:

M. 175, 15. — — li sancs Corust com doils aval les plaines.

Die masse des, den wunden entströmten blutes gleicht einem teiche:

M. 213, 6. — — si qu'il (li sanc) escrieve
    De ses plaies com uns estancs.

Zu erwähnen ist noch eine anzahl hyperbolischer vergleiche.

Das getöse der waffen gleicht dem donner, übertönt ihn sogar:

M. 129, 5. — Des cox sont estoné;
    Or il cuident, qu'il ait toné.

G. 1132. Et font les blans haubers sonner,
    Des cols et des escus croissir
    Que on n'i péust pas oïr Dieu tonant.

Hierher gehört auch die folgende redensart:

M. 176, 18. — — plus que le pas S'en vet.

S. d. P. 301. — — s'en keurt plus que le pas.

G. 4518. Lors corut cil plus que le pas. do. G. 432; 4780.

Zwei hyperbolische vergleiche aus dem kirchlichen leben:

M. 43, 12. Car qui proveroit par reson
    Que s'en fust la plus droite amour,
    Apres ce n'i voi je meillour,
    Mes qu'on amast le crucefis.

M. 152, 13. Souz lui n'a Diex nul paradis
    Qui me pleise que donc m'amie.

In den hyperbolischen vergleichen finden sich eingeflochten anspielungen auf bekannte persönlichkeiten:

M. 3, 5. Ce fu li rois de Cavalons
    Qui fu plus biaus que Absolon.

M. 12, 15. Mes sor toutes les autres samble
    Lidoine rose et fleur de lis.
    Fenice, la fame Aëlis,
    N'ot onques ausi grant biauté Come cle avoit.

Öfter noch werden geographische angaben zur bildung hyperbolischer vergleiche herangezogen.

S. d. P. 1272. Il n'a si boin clerc jusqu'à Bruges etc.

G. 3677. Une damoissele mult noble,
    Il n'ot jusqu'en Constantinoble
    Plus sage ne plus envoisie.

M. 177, 11. Le blanc chastel qui trop bien siet.
    Il n'ot plus bel en Engleterre.

M. 181, 9. — il n'ot par devant
    Plus bel chastel en Engleterre.

S. d'E. 358. Où la greignor joie de France
    Oï, ne cuit mès si grant oie.

G. 4361. Conbatre moi vers le plus fort
    Oui soit jusques en Galesport.

G. 4960. Il n'ot castel jusqu'à Illande,
    Nus mius asis que cil estoit.

M. 163, 3. Onques el roiaume de Logres
    Ne fu plus biax vassals norriz.

G. 5042. — que ne cuic qu'il ait
    Plus mal traitre jusqu'à Roume.

M. 3, 12. N'ot jusqu'au port de Macedoine
    Fame qui fust de sa biauté.

M. 7, 1. A cel temps la seult on tenir
    A la plus gentil damoisele
    Qui fust de ci jusqu'en Tudele.

4. Gleichnis.

Das gleichnis entwickelt das bild ausführlich, welches die vergleichung nur kurz andeutet: beim gleichnis wird die hauptvorstellung nur kurz erwähnt, das gegenbild aber sorgfältig ausgeführt.

Wie man Paris nie in England finden würde, so suchte auch, der, in der irre wandernde Meraugis vergeblich sein ziel:

M. 151, 15. — Assez puet querre
    Qui Paris quiert en Engleterre.

Einsi Meraugis a erré
Toz jours, qu'il n'a noient trové.

Wie sich im leben stets „fol" zu „macue" gesellt, so meint auch der zwerg, sich eine kleine, bucklige dame erwählen zu müssen und sagt:

M. 104, 17. Aussi comme fols et maçue
Doivent toz jours aller ensemble
Devions nous, nous deux, ce me semble
Par droit l'un l'autre chalangier.

Die schönsten gleichnisse sind in der allegorischen dichtung R. d. E. Raouls de Houdenc eingeflochten.

Wie man mittelst eines prüfsteines den wahren wert des goldes erforscht, so können allein die „menestrels" den innern wert eines „chevalier" erkennen:

R. d. E. 55. Ques conoist dont? — Li conteor,
Li hiraut et li vileor.
De chiaux dist Raols de Hosdent
Ke sont esproveit merestent
De chevalerie esprover.
Et par itant le vuelh prover
Ke, cant li marcheans assemble
L'or et le melestent ensemble,
Sel fiert al melestent, et lors
Puet on conoistre se li ors
Est blans u marcheans u fins;
Et par itant, ce est la fins,
Conoist on par les menestreus,
Qui es places et es hosteus
Voient les honors et les hontes,
Des queis on puet dire biaux contes
Et des queis non.

Eine gabe zu rechter zeit und auf einmal gegeben, ist mehr wert, als ein verzögertes geben; letzteres gleicht einer ungewürzten speise:

R. d. E. 212. De quel savour, par quel raison
Peut on son don asavorer?
La savors est del tost doner.
Ki morsel sans savor englot,
Emplir en puet son ventre tot,
Mais ja tant n'emplira la pance
Ke li cuers en sente pitance,
Confort, n'aïde ne socorse:
Tot assiment emplist la borse
Dons terminois, mais à nul fuer
Ja ne joindra si près de cuer
Com cil qui vient presentement
Mit anspielung auf eine bekannte fabel Aesop's führt
Raoul das folgende gleichnis aus:
Ein mensch, welcher neidisch auf das geschenk blickt,
welches einem seiner mitmenschen zu teil wird, gleicht dem
hunde, welcher, bei einem heuhaufen liegend, die nahende,
hungrige kuh verscheucht.
R. d. E. 401. Si (li envieus) samble par droite raison
Le chien qui gist lez le mulon.
Coment? Ch'aroi je tost prové.
Cant li chiens gist enmi le pré
Lez le mulon, et ilh avient
Que por mangier à ce fain vient
La vache seule, li chiens saut
Contre la vace et si l'asaut
Et chace loing. Toz est li chiens
Ke ne lairoit mangier por riens
La vace qui a moult grant fain,
Et si ne puet mangier del fain.
Tez est la vie à losengier;
De son sighor fait eslongier
Frans homes et boter arriere
Et ne vuet en nule maniere
Ke nus ait part à son avoir;

2

Nis n'en puet à son oez avoir,
Ne li avoirs ne li fait bien,
Nient plus que li mulons al chien.

Endlich sei noch als gelungenstes gleichnis ein teil des
ausgeführten vergleiches der liebe mit dem meere, dem weine
und der rose angeführt:

R. d. E. 513. Amurs ki fait la gent amer
Resemble rose et vin et mer.

Coment? — Ce scit on vraiement,
Qui en mer entre, ultrécment
Se paine d'ariver à port,
U illi vuet que sa neis l'aport.
Enmi la mer tantost avient
Ke une tormente li vient
Ki tot depiece et tot devoie
Et sace sa nef en tel voie
Ke tot pert. Et ravient sovent
A un autre ki a bon vent,
Ke sens torment et sens grant paine
Li bons vens à droit port le maine;
Einsi li vens en mer desert
Ke chis i gagne et chis i pert.
Aussi ki d'amurs s'entremet,
Si tost con en amurs se met
Li saut uns vens ki tous jours vente.
Kez est li vens ki le tormente?
La parole de fauses gens.
Ceste parole, c'est li vens
Ki ja nel laira parvenir
Al port ù illi vora venir,
Cant illi avient que vens l'acuet
Ki là le maine ù aler vuet,
Si est riches et plus chcans
Cent tans ke n'est li marcheans
Ki gaagne mil mars ensemble.

Einsi amurs la mer resemble
Et jowe des siens à la brice
Ke chil en sont povre et cil rice.
Ki en mer entre et plus s'y paine,
Plus trueve en mer amer et paine.
Bien en portrait amurs son nou;
En amurs n'a se paine nou,
N'aura, por coze qui aviegne,
Tant ke chascuns à son port viengne.

Soweit reicht die schilderung der ähnlichkeit zwischen
der liebe und dem mere, vers 551 bis 583 führt der dichter
aus, inwiefern die liebe dem weine und vers 583 bis 632
inwiefern die liebe der rose gleicht.

5. Anspielung.

Ein hinweis auf die Jungfrau Maria liegt in den worten:
R. d. E. 336. Car, ki cortois est, il doit faire
S'amur as dames si comune
K'il les aint trestoutes por une.

Christi kreuzigung und erlösungswerk:
S. d. P. 1281. Il ert amont en tel sanlance
Comme il fu ens en la balance
De la crois sù il fu pendus
Et claufiiés et estendus
Pour nous traire de la fournaise
D'Infier, où nus n'a bien ne aise.

Auf Apokalypse VI, 14—17 [1]) deutet hin:
S. d. P. 1344. E, Dieus, com cil jors est plains d'ire!
Tous les i convenra venir;

---

[1]) Apocalypsis Joannis, caput VI, 14. Et coelum recessit sicut
liber involutus, et omnis mons et insulae de locis suis motae sunt.
15. Et reges terrae et principes et tribuni et divites et fortes et omnis servus et liber absconderunt se in speculis et in petris montium,
et dicunt montibus et petris 16. Cadite super nos, et abscondite
nos a facie sedentis super thronum, et ab ira Agni! 17. Quoniam
venit dies magnus irae ipsorum, et quis poterit stare?

2*

Ne se saront à quoi tenir,

N'en porront estre destourné.

Tout seront si mal atourné

Chil qu'as montegnes cricront,

Et en criant leur pricront

Qu'eles viegnent sour eaus keïr

Pour Diu ke n'oseront veïr.

Auf den kriegsknecht Longinus, dessen lanze den gekreuzigten durchbohrte:

G. 5816. Icius Dius que Longis navra

    Te doist joie et honnor t'envoit.

Um in den himmel zu gelangen, muss Raoul eine leiter,
die himmelsleiter Jacobs (Genesis XXVIII, 12), ersteigen:

S. d. P. 653. C'est l'eskiele que Jacob vit,

    De quoi en l'Escripture a dit

    Que par là li angle montoient

    En Paradis et descendoient etc.

In Paris mussten die ketzer den feuertod erleiden:

S. d'E. 487. Devant le roi après cel mès,

    Aporta l'en un entremès

    Qui durement fu deparlez,

    C'on apele bougres ullez,

    A la grant sausse parisée.

Anspielung auf Absalom, ein muster von schönheit:

M. 3, 5. Ce fu li rois de Cavalons

    Qui fust plus biaus que Absolon.

Anspielung auf Fenice, die frühere gemahlin des kaisers
Alis und nachherige frau des Cliges:

M. 12, 17. Fenice, la fame Aëlis,

    N'ot onques ausi grant biauté

    Come ele (Lidoine) avoit, en loiauté.

Gaweins waffenruhm ist allgemein bekannt:

R. d. E. 134. Je sui d'armes passeis Gawain.

Die stadt Chartres scheint reich an falschspielern gewesen zu sein:

S. d'E. 162. Tuit ensamble me demanderent

> Mestrais, Mescontes et Hasars,
> Que lor deïsse isnel le pas
> Noveles qu'à Chartres fesoient
> Dui lor ami qu'il mult amoient
> Charles et Mainsens, de la loge
> Qù Papelardie se loge.

Anspielungen auf schlechtbeleumundete schankwirte von Paris, welche zu Raouls zeit allbekannt gewesen sein müssen: S. d'E. 189—191; 197—201 und noch öfter.

Unverständlich bleibt die anspielung auf irgend ein werk aus der epoche Raouls:

S. d'E. 613. Li rois qui por lui deporter

> Me fist un sien livre aporter
> Qu'en Enfer ot leenz escrit
> Uns mestres qui mist en escrit
> Les droiz le roi et les forfez,
> Les fols vices et les fols fez
> C'on fet et tout le mal afere
> Dont li rois doit justice fere.

und weiter 623. — En cel livre lui

> Et tant que en lisant connui,
> En cel livre qui estoit tels,
> Les vies des fols menestrels
> En un quaier toutes escrites.

Auf die helden einiger der beliebtesten romane jener zeit deutet:

G. 4971. — — si vait cantant

> D'Isseut la Blonde et de Tristant,
> D'Elaine et de Paris de Troie.

b) Die Tropen.

1. Metapher.

Die gewöhnliche vorstellung wird samt ihrem ausdrucke durch ein sinnlicheres gegenbild ersetzt. Der sitz der metapher kann ein substantivum, ein adjectivum und auch ein verbum sein.[1])

a) Metaphern, die dem menschenleben entnommen sind:

α) dem ritterwesen gehören an die folgenden metaphern:

Seine geliebte Lidoine preist Meraugis durch die worte:

M. 208, 10. C'est ma baniere, c'est ma lance,

C'est mes desirs, c'est ma richesce,

C'est mes escutz, c'est ma proesce,

C'est ma cheance, c'est mes pris.

Die liebe stürmt, gleich einem ritter im kampfe, auf das herz des geliebten gegenstandes ein; ein liebender blick wird, gleich einem speere, in das herz geschleudert:

M. 22, 12. — l'amour le fiert as iex,

Et el vis et par tot le cors. do. M. 53, 7.

M. 212, 15. La fiert d'un douz regart es iels.

M. 212, 18. Devant les iclz lui fiert la pointe

D'amours qui enz el cuer l'apointe.

De la veiie ele tressaut;

Li cuers lui faut à cel assaut;

Vont souspirer; ele ne pot Du cuer traire.

G. 3574. Un poi d'amour el cuer li lance.

M. 152, 18. — Lors tressaut

D'angoisse et avec ce l'assaut

Duels et amours; ice le touche Au cuer.

M. 213, 7. Lui fiert uns duels parmi le corps.

Vor schreck flieht das blut aus den adern:

G. 1672. Li sans li fuit, si devint pale

De la paor qu'elle en avoit.

Durch die belagerer werden die umfassungsmauern verwundet: G. 2933. Si sont del mur approcié,

Qu'il l'ont en pluisors lius blecié.

Der schlag, den man mit der hand ausführt, wird auf das geistige, auf die schlagfertigkeit in worten übertragen:

---

[1]) Wackernagel, a. a. o. pag. 394.

R. d. E. 428. De chevalier copoieor
  Puet on bien dire tel reproche,
  Ke en la main et en la boche
  Ne puet ilh pas biauz cops avoir.
  Das herz siegt über den menschen:
M. 53, 3. Li cuers qui par force le vaint.
Die verfolgung des fliehenden feindes wird eine jagd
genannt:
G. 1284. Que cil qui orent fait la cace
  Et orent fait nos gens fuïr.

Hierbei seien noch die beispiele erwälnt, wo metaphern
aus anderen gebieten in das kampfesleben eingeführt werden;
sehr beliebt ist es, den kampf ein spiel zu nennen:
M. 194, 21. — — Je te renvi Au gieu.
S. d'E. 237. Qu'il me covint à lui jouer.
M. 225, 11. Li assauts fu mult granz as murs
  Si grans que ce ne fu pas gieus.
Aehnlich M. 17, 7; S. d'E. 559; G. 2978.
M. 131, 20. Meraugis, qui des cox s'estone,
  S'esloigne et dist: „Or ne sai gié
  Jouer. Li dé me sont changié etc.
Während diese letztgenannte metapher an das würfel-
spiel erinnert, wo ein glücklicher wurf den gewinn macht,
ist eine andere metaphorische redewendung dem schach-
spiele entnommen, wo oft erst ein langer, wohlüberlegter
kampf um den sieg stattfindet:
M. 234, 5. — Je me combat
  A toi, qui de moi fere mat
  Te vantes.
G. 2398. Et si li troi puent mater
  Les .II. et par force conquerre etc.
M. 225, 19. Parquoi il sont tuit esperdu
  Et mu et mat et entrepris. do. M. 78, 21.
M. 4, 11. — la moitié de son regart
  Passast bien parmi .V. escuz

Et rendist matez et vaincuz
D'amor les cuers qui sont el ventre.

Bemerkenswert ist auch die redensart „un jeu te part"
im sinne von „du hast die wahl, entscheide dich!"
M. 118, 6. un jeu te part. do. G. 947; 963; 886.
achnlich: G. 958. Quant oï mesire Gauvains
Qu'il li parti le ju issi.
G. 980. Je vuel tenir ceste partie
Del ju parti que il m'a fait.

β) dem liebesleben angehörige metaphern:

Einer langen reihe metaphorischer ausdrücke bedient
sich der liebende held Meraugis, um seiner geliebten zu
schmeicheln:

M. 208, 7. C'est mes deduitz, c'est mes depors,
C'est ma joie, c'est mes confors,
C'est quanque j'aim, c'est ma poissance
208, 11. C'est mes desirs, c'est ma richesce,
C'est mes escutz, c'est ma proesce,
C'est ma cheance, c'est mes pris,
C'est tous li monds, c'est mes avis,
C'est mes chastiaus, c'est mes tresors,
C'est ma force, c'est mes biax cors,
C'est ma main destre, c'est ma dame,
C'est moi meïsmes, que c'est m'ame,
C'est mes solaz, c'est quanque j'ai,
C'est la santé dont je garrai,
C'est ma loiauté, c'est ma foi.

Die liebe oder schönheit der geliebten entflammt den,
den sie trifft:

R. d. E. 618. K'amurs enlumine et esprent.
M. 22, 18. Voire il est si d'amors espris.
M. 4, 16. Nuls ne la puet esgarder
Qui ne fust alumez de lui.
M. 41, 16. Li biax corps qui tot enlumine.

Die liebe wirft ihre schlinge um den geliebten gegenstand:

G. 4092. Amors vos a mis el broion.

Die liebe fliegt von einem zum andern:

G. 3576. L'amors de li vers li vola.

M. 18, 16. „Qu'est mes cuers devenuz
Qu'ainsi s'envole et çà et là?
Je croi cele pucele l'a.
Voire, por voir, il m'est emblez.

Das herz des ritters hat sich in das innere seiner dame begeben:

M. 19, 1. Donc lui voil je faire savoir
Qu'il est dedenz lui aentrez.

Der schmerz eines liebenden schliesst sich im herzen ein:

M. 213, 7. Lui fiert uns duels parmi le corps,
Tiex qu'el cuer adonc s'est enclos
Li duels.

Die liebe glättet jede unebenheit des herzens:

G. 3635. Fu li ses cuers d'amors souspris,
Qu'il n'i remest fronce, ne plis
Qui ne soit tos rasés.

Man bekleidet die geliebte mit seiner liebe:

M. 50, 20. — Je vous revest — De m'amour.

Die liebe ist eine last, die der mensch zu tragen hat:

M. 19, 13. N'ai pas cest fes longtemps portés.

G. 5910. Amors li a .I. fais carcié.

Wie seine geliebte hält der kämpfer seinen schild umarmt:

G. 2950. Mesire Gauvains enbracié
Tint l'escu et le glave el puing.

Der mund der schönen Lidoine, welche Meraugis soeben geküsst, ist ein süsser quell:

M. 22, 16. A douce fontaine a beü.

Wie andere zeitgenossen, so denkt sich auch Raoul de Houdenc die liebe als guten arzt, der sicher heilung bringt.

Der schwerverwundete Meraugis wusste nicht, dass seine geliebte unter demselben dache wohnte, denn:

M. 205, 20. — S'il le seüst

    Seul de la joie que il eüst

    Fust il gariz.

Aehnlich: M. 206, 15. — Quant cil l'ot

    De la joie que il en ot

    Lui furent tuit si mal passé.

Aehnlich M. 7, 7.

Nachdem der verwundete seine geliebte gesehen, ist er sogleich genesen:

M. 210, 1. — J'ai eu bon mire

    Dist li chevaliers, garis sui.

M. 226, 6. — bon mire a il eü

    Qu'il est si sainz com une pomme.

Die gesundheitbringende kraft der geliebten preist der held: M. 208, 20. C'est la santé dont je garrai.

R. d. E. 508. Amurs en un seul point

    Li puet rendre par ses bontez

    Dont tous ses maux li vient santez.

γ) dem handel und verkehr angehörige metaphern:

Meraugis und Gawein zahlen sich im kampfe gegenseitig aus:

M. 31, 3. Si li uns paie, l'autre rent

    Tot coup à coup, sans plus atendre,

    De quan que bras poent estendre

    S'entrepaient, mes ce sont cox.

M. 31, 13. Car li uns d'euls ne puet conquerre

    Sour l'autre vaillant un denier.

Als Gawein reitet, um sich an den schuften, die seinen bruder gezüchtigt hatten, zu rächen, ruft der dichter aus:

G. 2600. Ja lor ferra chier conperer

    Le mal que font son frere.

Dem Laquis war, im dienste Meraugis, das auge von

Outredouté ausgestochen worden; dafür schlägt Meraugis
dem letzteren die hand ab:
M. 252, 3. Ce fu l'eschange de son ocil.
Die gloutons, lecheors und pecheors werden am tage
des jüngsten gerichts teuer bezahlen müssen:
S. d. P. 352. Mais on lor sara mout chier vendre. [1])
Die menschen werden am jüngsten tage ausgezahlt:
S. d. P. 1244. Le cruel jour dou jugement,
Que Dieus toute gent jugera,
Et à cescun il paiera
Tout che qu'il aront desiervi.
S. d. P. 1265. Ilucques aront lor desierte,
Ou soit de gaaing ou de pierte.
Andere derartige metaphern sind:
M. 229, 7. — — Je ne vous sui
Noient; si je sui mortz par lui,
Ce que vous couste? Nul chose.
R. d. F. 455. Quar li nons de chevalerie
Est contrepois de lecherie.
M. 54, 2. Jà de m'amour ne lui donasse Terme.
G. 4765. Ains que li mos soit acouplis,
Folement est li muis enplis.

δ) Metaphern, denen allgemein menschliches zu
grunde liegt:
Durch einführung des sinnlicheren ausdruckes „nestre"
geboren werden" für das allgemeinere „entstehen, hervor-
kommen" wird die vorstellung versinnlicht.
M. 40, 10. De vous doit tex jugemenz nestre. do. M. 43, 4.
M. 44, 12 Dont nest amours de cortoisie.
C'est sa fille, par foi, c'est mon.
En amours a mult cortois non.
Voire, se nature n'a pere,
L'amours qui retrait à sa mere

---

[1]) Nach Scheler, a. a. o. pag. 366 ist vendre = faire payer.

Covient estre partot cortoise.
Par quoi, qu'à cortoisie poise
Que ce qui naist de lui n'est teus,
Qu'el soit cortoise en toz bon lieus.

Aehnlich M. 52, 21; R. d. E. 303; 567; G. 3618; 5094.

G. 560. Jusqu'al matin que li jors nest.

G. 682. N'ot gaires erré, quant il voit
La tor naistre parmi la lande. do. G. 4956; 4958.

M. 186, 8. Qu'après les noifs peüst or naistre L'erbe.

Wie die liebe geboren wird, so kann sie auch wieder
sterben:

M. 205, 3. Mes l'amour dont ele l'amot
N'est pas morte.

Nie wird die erzählung von Meraugis vergehen:

M. 2, 9. Un novel conte commencier
Qui sera bons à amouncier
Touz jours ne jamais ne morra.

Hingegen G. 5019. Oés donc le conte mortel.

Die menschen erkennen Gott nicht, sie sind „blind" gegen ihn:

S. d. P. 977. Or t'en reva là jus au peule
Que je voi tout viers moi aveule.

Ein ungerechtes urteil „hinkt":

M. 48, 16. Qu'en ceste court cloche le droit.

Ebenso sagt der dichter von einem falschen herzen:

M. 81, 22. — mes li cuers li cloche el cors.

Das gezogene schwert wird „nackt" genannt:

M. 143, 9. l'espée nue. do. M. 175, 9; G. 1055; 1185; 5455;
5751. G. 1314. l'acier tot nu.

Die zunge eines guten redners „schneidet" und „sticht"

R. d. E. 476. A une langue à cing trenchans.

M. 60, 12. Vostre langue qui touzjours point.

Das schwert durchbohrt den harnisch und „trinkt" das
herzblut:

M. 190, 7. — — si que les fers
          Boivent es piz.
Der spender einer gabe soll dieselbe „würzen“:
R. d. E. 211. Ke chascuns asavort son don.
    und zwar liegt die „würze“ einer gabe im schnellen
geben:
R. d. E. 214. La savors est dol tost doner.
    An etwas schönem kann man sich nicht „satt“ sehen:
S. d. P. 1091. Tel delit ont en cel veïr
          Que chius desirs ne puet keïr,
          Ne ne s'en puccnt soëler,
          Ains le desirent sans finer.
    In folge starker affecte schliesst das herz jemandes mund:
M. 152, 21. li cuers li clot la bouche.
    Gegen die qualen der hölle giebt es kein „heilmittel“:
S. d. P. 1225. Ne ja remede n'en auront.
    Die largesce bringt der proesce „stärkung“:
M. 171, 12. — largesce est medcine
          Por quoi proesce monte en haut.
    Lidoine, das muster eines mädchens, ist eine „schule“
für andere:
M. 6, 13. Pucele estoit de grant renon
          Et escole de bien aprendre.
    Der geizige ist „sclave“ seines geldes:
R. d. E. 206. Li aver, li serf à l'avoir.
S. d. P. 104. Trouvai Tolir, un divers oste,
          Qui de mentir et le maistire:
          De Foi-Mentie est mestre et sire.
    Satisfaction und Persévérance sind „leibliche schwestern“:
S. d. P. 286 Et sachiés bien certainement
          Que ele est se germaine suer;
    Ein guter christ soll sich bei lebzeiten von seinen sün-
den reinigen, er soll sie „abwaschen“:
S. d. P. 1357. Que en cest siecle terriien
          Faciez vos maus si eslaver.

Beeinflusst von der vorstellung der höllenglut spricht
der dichter von einem „ofen" der hölle:

S. d. P. 1285. fournaise d'Infier.

Der sitz Gottes ist eine „herberge":

M. 151, 22. Diex, as tu riens en ton hostel.

Das gewissen „beisst" den schuldbewussten menschen:

S. d. P. 1300. Dont lie consience remort.

Nach dem tode ist die seele vom körper „entfesselt":

S. d. P. 1159. les ames eskaitivées.

Die zwitschernden vögel „sprechen latein":

G. 3362. Cil oissiel ne se porent taire,
Qui font joie por le matin.

Cascuns parole en son latin;

Aehnlich heisst es von der unzuverlässigen rede des Kex:

G. 4070. Ké, dist Gauvains, trop mespresistes;
Que trop connais vostre latin.

G. 4192. Mais il cuidoit oïr sordois.

G. 4516. Ce n'est mie tot patrenostre
Que vos dites.

b) Metaphern, die der natur entnommen sind:

Es giebt deren verhältnismässig sehr wenige.

Das herz nimmt die liebe hastig auf, „verschlingt" sie,
wie ein fisch den angelhaken: M. 52, 14. li cuers l'engoula.

Wie das tier durch abstossen seiner hörner einen schmuck
verliert, so auch der hof des Artus, als der held Gawein
nicht zurückgekehrt war:

M. 56, 4. Non, car ta court est escornée
Du meilleur chevalier du mond.

Heuchlerinnen, dem äusseren scheine nach religiös, sind
im innern „schlangen":

S. d. P. 105. Dehors samblent beghines estre
A lor samblant et à lor iestre,
Et eles sont dedens couluevres
Toutes plainnes de males oevres.

Die übrigen metaphern sind aus anderen gebieten der natur:

Die chevalerie ist der nie versiegende „quell" der cortoisie: R. d. E. 12. Chevalerie est la fontaine
De cortoisie qu'espuisier
Ne puet nus, tant sache puisier.

Die reden falscher leute sind der „sturm," der das „schiff" zweier liebenden gefährdet:
R. d. E. 529. Aussi ki d'amurs s'entremet,
Si tost con en amurs se met
Li saut uns vens ki tous jours vente.
Kez est li vens ki le tormente?
La parole de fausses gens.

2. Allegorie.

Wenn der metaphorische ausdruck weitere glieder der rede ergreift, sodass die, aus dem fremden gebiete übertragenen bezeichnungen ganz an die stelle der eigentlichen treten, und das verhältnis überhaupt nur aus der anschauung des gebietes gewonnen wird, in welchem die metapher lebt, so hat man dies allegorie genannt.[1])

Die allegorie, welche in späterer zeit, zumal durch den „roman de la rose" zur lieblingsform poetischer darstellung wurde, ist bereits bei Raoul de Houdenc sehr entwickelt: die drei allegorischen dichtungen Raouls „li romans des eles", „le songe d'enfer" und „le songe de paradis" sind ganz besonders ein beleg dafür, dass schon dieser trouvère wohl verstand, seine dichtungen in das gewand der reinen allegorie zu hüllen.

Wenn sich auch Labitte[2]) gelegentlich einer beurteilung der allegorischen werke des trouvère Raoul de Houdenc sehr abfällig über dieselben äussert, den S. d'E. ein „immense réfectoire" und den S. d. P. gar einen „mauvais rêve" nennt,

---

[1]) Gerber, a. a. o. band II. pag. 98.
[2]) Revue des deux Mondes 1842. XXXI.

so ist doch zu hoffen, dass hiermit dem werte der genannten
werke, als allegorisch durchgeführten gedichten, nicht geschadet worden ist, denn einerseits sind, wenn auch nicht vom
ästhetischen, so doch vom littcrarhistorischen standpunct
aus die allegorischen dichtungen Raouls zweifellos von bedeutung, anderseits, meine ich, können einzelne obscöne
stellen eines werkes, welche im lichte damaliger verhältnisse
unbedingt milder erscheinen müssen, nicht genügen, um dem
ganzen allen wert abzusprechen.

Da ich vergeblich nach einer eingehenderen betrachtung
der allegorie Raouls de Houdenc suchte, will ich an dieser
stelle eine analyse der genannten drei dichtungen geben, um
die reinheit des allegorischen stiles Raouls klar vor augen
zu führen. Zuvor aber seien noch einige beispiele angeführt,
welche teils aus dem M. oder G. entnommen sind, oder, weil
zu speciell gehalten, in der allgemeinen analyse nicht aufnahme
finden konnten.

Meraugis, der die kleider der schlossherrin angezogen
hat, besteigt das schiff, zieht das schwert und ruft den schiffern zu:

M. 143, 20. — Vostre dame est venue,
  Vez la, je la tieng en ma main."
  Puis l'a traite nue de plain
  Et dist au maroinier: „Par m'ame
  Ceste espée est la vostre dame,
  Dont vous aurez dampnation.

Das gewissen ist ein mund, der im innern des menschen
verborgen liegt:

G. 4214. Si avoit en droit poitrine
  Une boce, qui mal li sist.
  Nus hom qui le boce véist
  Ne cuidast que tels boce fust.

Die cortoisie ist ein baum, der vom gipfel bis zum
stamme den rittern gehört, während das übrige volk nur die
rinde dieses baumes geniesst:

R. d. E. 17. — — Ele est lor lige
Dès le copel jusqu'eu la tige
Autre gent n'en out fors l'escorce.

Der echte ritter darf nicht schmarotzen; der dichter beschreibt den schild eines schmarotzers:

R. d. E. 470. C'est chil qui à tornoiement
Porte l'escu al non divers;
C'est li escus à deus envers,
Ki est partis de lecherie
A une blame de vilonie,
A quatre rampunes rampans
A une langue à cinq trenchans
Ki l'escut porpent et sormoute,
L'escut al mireor de honte,
A lyon portrait de manaces.

Li Romans Des Eles.

Dieser roman handelt von den beiden flügeln der prouesse. Die haupttugend eines chevalier ist zwar die prouesse (die persönliche tapferkeit), doch müssen ihr stets largesse und courtoisie zur seite stehen. Largesse und courtoisie sind deshalb die beiden flügel, die träger der prouesse. Jeder dieser zwei flügel hat wiederum sieben federn.

Wer anspruch auf besitz der largesse machen will, muss die sieben lehren befolgen, welche die einzelnen federn den höfischen geben:

1. der höfische mann sei kühn im geben, 2. er denke dabei nicht erst lange an seine einkünfte und vermögensverhältnisse, 3. er sei dabei nicht auf lohn und vorteil bedacht, 4. wer zum geben zu geizig, verspreche auch nichts, 5. durch schnelles geben würze er die gabe, 6. er gebe reichlich und 7. versäume er nicht, gut zu essen zu geben und im wohlthun auszuhalten.

Die federn des linken flügels courtoisie geben folgende ermahnungen:

1. der höfische mann ehre die heilige kirche, 2. selbst der bewährteste hüte sich vor hochmut, 3. er liebe freude und gesang und trete für die ehre einer jeden dame ein, 4. er hüte sich vor neid, 6. er sei weder spötter noch verleumder, 7. er pflege die minne und freundschaft. Am schlusse wird die minne mit dem meere, dem weine und der rose verglichen.

Le Songe D'Enfer.

Träumend unternimmt der dichter eine reise. Geraden weges lenkt er seine schritte auf die Cité d'enfer und erreicht am ersten tage die Cité Covoitise im lande von Desleauté, woselbst er im hause der Envie, der „dame de la ville", übernachtet. Beim mahle sind anwesend Tricherie, die schwester der Rapine, und deren cousine Avarice; diese fragen Raoul nach den ihrigen auf erden, er giebt ihnen bescheid und wandert nach links bis zu Foi Mentie und deren geliebten Tolir; letzterer fragt, wie es seinem gleichnamigen sohne auf erden gehe und auf welchem fusse er mit Doner lebe. Durch eine hinterthür gelangt Raoul in die Vile Taverne, nachdem er zuvor den hässlichen fluss Glontonie überschritten hat; hier bewirtet ihn Roberie, la taverniere. In demselben wirtshause befinden sich Hasart, Mesconte und Mestret, welche den fremdling nach den verhältnissen der stadt Chartres und nach bekannten spielern ausforschen. Da nahen Yvrece und deren sohn Versez; letzter ringt mit Raoul, stellt ihm ein bein und wirft ihn zu boden, Yvrece aber führt den wanderer aus dem schlosse heraus, bei Fornication vorbei in das Chastel-Bordel. Hier haben bereits viele wohnung gefunden, z. b. Honte, die tochter des Pechié, Larrecin, der sohn des Minuit. Yvrece und Larrecin beschreiben nun den weg zur hölle, demnach berührt er Cruauté, Cope-Gorge und endlich Desesperance, unweit von Mort-Soubite. Er gelangt von hier an sein ziel Enfer. Der könig hält zur zeit hof ab, die tafeln sind gedeckt und für jedermann stehen die thüren offen — ein brauch, den der dichter auf

erden vermisst. Beim anblick des fremden erheben die
höllenbewohner ein freudengeschrei, Raoul wird begrüsst,
befragt, woher er komme und aufgefordert, am bereiteten
mahle teil zu nehmen. Raoul bewundert zunächst den reichtum der ausstattung und die auswahl seltener speisen. Tisch-
tücher, aus der haut von useriers desloiaus, bedecken einen
teil der tische; Raoul, als gast, nimmt auf einem stuhle platz,
welcher aus zwei übereinandergesetzten popelicanen besteht
und speist an einem tische, über welchen die haut einer vielle
putain gespannt ist. Der reichhaltige, sehr picante speisezettel
bietet folgende gerichte: champions vaincuz á l'aillie, useriers
cras à desmesure, larons murtriers, vielles putains aplaqueresses, bougres ullez à la grant sausse parisée, ein fleisch-
ragoût von gormons d'argent, faus pledcors, langues de pledcors frites el tort qu'il font del droit, vielles putains desloiaus
enfanz murtris, bedel beté bien cuit en paste, papelars à
l'ypocrisie, noirs moines à la tanoisie, vielles prestresses au
civé, noires nonnains au cretonné, sodomites bien cuis en
honte. An stelle von wein trinkt man vilonies.

Nach beendetem mahle muss Raoul dem könige aus
einem grossen buche über die rechte und pflichten des kö-
nigs und über laster und thorheiten vorlesen. Nachdem
Raoul geendet, belohnt ihn der könig mit quarante sols de
deablies; Raoul nimmt, da sich alle bewohner der hölle unter
grossem lärme waffnen und auf beute ausziehen, abschied
und erwacht.

Le Songe De Paradis.

Träumend gelüstet es Raoul, eine wanderung in das
paradies anzutreten. Auf Gottes weisung hin holt er sich
bei Nostre Dame rat über den weg, der zum paradiese führt.
Die vorgeschriebenen wege verfolgend, kommt er zunächst
zur jungfrau Grace, welche ihn weiter bis zum hause Amour
führt. Cremir, der haushofmeister, bewirtet den gast reichlich, Descipline und deren cousine Obedience, Gemir, Penitance und Souspir kommen ihn zu sehen und beschreiben

3*

. ihm den weiten weg: zunächst gelange er zu Contrition und
von da über Confiession in das paradies. Unterwegs aber wird Raoul von der berittenen Temptation angegriffen, Esperance kommt zu hilfe, schlägt die versucher zurück und begleitet den wandrer, bis Foi die führung in die stadt Contrition übernimmt. Am nächsten morgen macht sich Raoul auf, um bald das reiche schloss Confession zu erreichen; hier empfängt ihn die besitzerin auf's herzlichste; ausser der haushälterin Satisfaction weilt noch bei Confession die gleich unentbehrliche Peseverance. Nachdem Confession noch ihre vertraute Contrition hat holen lassen, beginnt das mahl. Man ass souspirs, süsser als honig, angousses de euer, souglous, gemirs und trank dazu larmes. Nach der tafel staunt Raoul, alle tugenden versammelt zu sehen: sie kamen, mit Confession zu speisen. Am folgenden tage führt Perseverance den wanderer auf gefährlichen wegen zu Penitance.

Unterwegs bleibt Raoul vor einer breiten, von einem fluss durchströmten, und von einer grünen wiese umgebenen thalschlucht stehen, um dem spiele der dort hausenden thoren zuzuschauen. Das grosse, tiefe thal ist die sündige welt, die wiese stellt die menschlichen wohnungen und besitztümer, der grosse fluss die freuden der welt dar. Bei dieser betrachtung vergisst der wanderer seine begleiterin: als er zu sich kommt, sieht er sich allein, ohne weg und steg zu kennen. Um seine angst noch zu steigern, naht eine schar räuber: dem bannerträger Temptation folgen Vaine Glore, Orghius, Envie, Haïne und Avarice, die königin Ire zu pferde, Fornication und andere, die nachhut endlich bildet Desesperance. Gott aber schickt dem bedrängten hilfe, indem er Esperance und deren gefolge Foi, Humilité, Obedience, Charité, Atempranche, Chasteé und andere sendet, welche nach heissem kampfe Temptation in die flucht schlagen und den wanderer zu Confession zurückbringen. Am folgenden tage wird er sicheren weges zu Penitance geführt. Penitance nun belehrt den fremdling, dass er, um in das ersehnte paradies zu gelangen, noch eine leiter — jene, auf welcher einst Jacob im traume die engel auf und ab steigen sah — ersteigen müsse. Die acht sprossen dieser himmelsleiter seien „foi en Diu, vertu en oevre, science en viertu, sens en abstinense, picté en abstinence, passience en la picté, amour de frere avoec le passience und karité vraie avoec l'amour des proismes." Wenn Raoul, in besitz aller dieser tugenden, die leiter erklommen, würde er, bei Desirier vorbei, bald in das paradies kommen.

Vigour begleitet nun den wanderer bis an den fuss der leiter, dort wachen Juner und Viller, welche den nahenden begrüssen und ihm behilflich sind. Es gelingt Raoul die leiter zu ersteigen, er wird von Desirier mit grossem jubel empfangen und ins paradies geleitet. Hier erblickt er den Roi de gloire, dessen mutter Sainte Marie, die scharen der engel, die heiligen, apostel, märtyrer und bekenner, die jungfrauen und viele mönche, als franziscaner, dominicaner und trinitarier, brüder und schwestern des ordens des heiligen Benedict und des heiligen Augustin, betschwestern und eremiten, laien und priester, könige und grafen, bürger und leute geringen standes, alle nach ihren verdiensten belohnt. Raoul wird gut aufgenommen; Gott, der könig, lobt ihn, vergiebt ihm seine vergehen und befiehlt ihm, auf demselben wege zurückzugehen, die irdischen zu ermahnen, Gott nicht ferner zu erzürnen, sondern ihm zu dienen, sein wort zu hören und almosen zu geben. Sodann verspricht Gott dem Raoul, wenn er einst widerkehre und seine mission gut erfüllt habe, eine krone. Auf sicheren wegen tritt Raoul die rückreise an, kommt auf erden an — und erwacht.

Diese gedrängte analyse der allegorischen werke Raouls de Houdenc wird zu einer wertschätzung derselben genügen und den scharfsinn erkennen lassen, den der dichter auf die ausführung der allegorie verwendet hat. Zugleich tritt uns an einigen stellen eine satire auf die gebrechen der zeit entgegen.

38

3. Personification.

Der reichliche gebrauch, den Raoul von diesem tropus macht, verleiht seinen dichtungen besondere lebendigkeit der darstellung.

Redend eingeführt werden Gott, Pilatus und Beelzebub: S. d. P. 14. Et il me dist: „Va si t'esploite
Et prent conseil à Nostre Dame".
do. S. d. P. 969; R. d. E. 249.
S. d'E. 411. Pylates dist et Belzebus:
„Raoul bien soies tu venuz".
ferner die allegorischen personen in den drei allegorischen dichtungen, wie Tricherie S. d'E. 85; Versez S. d'E. 288, Larrecin und Yvrece S. d'E. 337; Temptation S. d. P. 151; Esperance S. d. P. 164 u. s. w.

Zweimal wird im M. auch dem menschlichen herzen sprache verliehen:
M. 52, 16. Et quant li cuers li dit: je l'aïm,
M. 53, 3. Li cuers qui par force le vaint
Lui dit: bien le pues esgarder.

Mit der personification eng verbunden ist der tropus der apostrophe, welcher dadurch entsteht, dass ein abstracter begriff verkörpert gedacht und angeredet wird.
M. 192, 19. —: „Mar fus
Bataille tu es la meillour
Qu'onques mes fust en nesun jour
Par .II. homs; tele ne sera.
G. 2597. Mors, ù es tu? Vien, si m'oci!

Nach anführung der wenigen beispiele von apostrophe, bleibt noch eine lange reihe von personificationen zu betrachten übrig:

Wie Gott, so wird auch die natur selbst schöpferisch gedacht:
M. 4, 25. Si grant largesce mist nature
Qu'onques greignour ne fist à droit.

Personificiert werden ferner:

der tod:

M. 137, 22. Mes si la mort me venoit prendre.

S. d. P. 789. C'est à dire ains que li mors viegne.

die liebe (einige stellen, wie M. 22, 12; 52, 4; 52, 21 sind schon unter metapher erwähnt [pag. 22 ff.]):

M. 44, 12. Dont nest amours de cortoisie
C'est sa fille; ebenso M. 44, 16.

R. d. E. 617. — Amurs m'aprent
K'amurs enlumine et esprent
Les teches dont il (le chevalier) est techiés.

M. 82, 11. — Li diex d'amours
Qui fait les durs cuers souploier,
Lui fist qu'il li covient souploier
Une dame.

das herz, es verfügt über einen eigenen freien willen:

G. 2339. Le cuer qui vait là ù il veut.

M. 18, 18. Et dist: „Qu'est mes cuers devenuz
Qu'ainsi s'envole et ça, et là?

ferner M. 19, 1; 8, 8; 152, 21.

das gerücht, es läuft schnell:

M. 172, 8. Les noveles qui mult vont tost
Sont tant alées que etc.

die wut:

M. 187, 16. S'en va poignant tote sa voie
Si com la rage le convoie.

der hunger:

M. 159, 1. Ainz s'en va, car la faim l'en chace. do. G. 630.

Ausser diesen sind noch zu nennen:

M. 99, 11. Proesce ne se puet celer.

M. 189, 13. Dist Meraugis: „Ja en verrai,
Duquel qui soit, morir l'orgueil.

M. 161, 22. Traïsons qui en lui s'estent
Le fiert el cuer.

G. 4686. Musardie vos fait haster.

M. 85, 7. — —: sa grant desreson
　　　Metra avant et eu prison
　　　Reson, qu'il a desraisonnée
　　　Fortune qu'il lui a donéc
　　　La coléc dont ele est morte.

Gewöhnlich verbinden sich personification und allegorie mit einander und darin liegt der gipfel der möglichen ausbildung (vgl. Wackernagel a. a. o. pag. 398). Diese beispiele personificierender allegorie finden sich unter allegorie (pag. 31 ff.).

4. Metonymie.

Bei der metonymie (Wackernagel, a. a. o. pag. 390) werden begriffe mit einander vertauscht, die in einer natürlichen verbindung mit einander stehen. Nach den wichtigsten zusammenhangs- und verwandtschaftsverhältnissen der begriffe teilen wir die metonymie ein in fünf classen, welche ausdrücken: a) ein raumverhältnis, b) ein zeitverhältnis, c) ein stoffverhältnis; d) ein causalverhältnis und e) ein symbolverhältnis.

　　　　　a) raumverhältnis.

Das ist die vertauschung der bezeichnung eines raumes und des, diesen raum erfüllenden.

Die erde statt ihrer bewohner und ähnlich:

M. 7, 22. Si vint la terre à lui por voir.

M. 60, 16. Que touz li monds dist de vous fi.

M. 169, 22. Tous li païs est esmeüz
　　　　　Des noveles qu'il oient dire.

Ebenso M. 213, 1; 81, 2; 176, 13; 232, 13; 7, 13; 24, 1; 173, 3.

G. 1323. Que tos li mont le pot oïr.

　Der hof statt der am hofe weilenden ritter:

G. 3923. Vint à la cort une aventure
　　　　　Dont la cors est trouble et oscure.

M. 56, 13. Por l'amour de ta court conquerre. do. M. 95, 24. aehnlich M. 235, 11.

Das schlachtfeld statt der kämpfer:

G. 4818. Là ù mesire Gauvains vint
Li cans est vencus et passés!

Das turnier statt der kämpfenden ritter:

M. 10, 20. Là où li tornois assembloit.

M. 8, 15. De vaincre le tornoiement.

G. 1325. Se venqués le tornoiement.

Statt gewisser geisteseigenschaften oder affecte setzt man die körperteile, welche als deren sitz gelten; so findet sich bei Raoul „cuer" in der verschiedensten bedeutung, z. b. drückt es mut, tapferkeit aus:

M. 201, 1. Cil qui lui a le poing trenchié
Est de grant cuer.

M. 229, 1. Qui, hui cest jour, s'il ne me faut,
Saura mes cuers quoi li siens vaut.

M. 212, 21. Li cuers lui faut à cel assaut.

G. 2508. Prendés bon cuer en vos méisme.

gute und böse gesinnung:

M. 20, 6. Que je l'aim de fin cuer.

M. 202, 18. Et prie de bon cuer à Dieu.

M. 248, 3. Ne le beise pas de bon cuer.

G. 899. Fait cil, qui le cuer ot felon.

neigung, lust und liebe:

M. 1, 1. Qui de rimoier s'entremet.
Et son cuer et s'entente met.

Herz und auge statt der gesinnung:

M. 22, 24. De cuer et des iex la convoie.

G. 2444. Mais ce n'ert pas de cuer estable
Que mesire Gauvains s'envoisse.

Im herzen sitzt der schmerz:

G. 87. Cascuns le cuer dolent en a.

S. d. P. 1126. Lors m'esvillai, si me dolu
Li cuers.

b) zeitverhältnis.

Vertauschung der zeitangabe mit der bezeichnung des, diese zeit erfüllenden.

Hiervon finden sich nur einige wenige beispiele in den werken Raouls. Statt der welt und der menschen wird das zeitalter, siecle, gesetzt:

S. d. P. 455. Et pour chou qu'il sueffre l'asproche
Del siecle, a il le grand leeche
De Paradis.

S. d. P. 1355. Quo vous pensés, boin crestiien,
Que en cest siecle terriien
Faciez vos maus si eslaver.

do. S. d. P. 1299; 933; 945; 1022.

c) stoffverhältnis.

Der stoff steht für das aus ihm gebildete:

Raoul macht auch hiervon selten gebrauch, nur „eisen" statt der, aus diesem material gefertigten waffe:

M. 175, 4. — et des fers bruniz
S'entrefierent parmi les piz

M. 128, 16. — — et les fers
Hurtent as piz sur les hauberes

Aehnlich M. 190, 7.

G. 4730. Le fer li mit en la forcele.

G. 3269. Se sont entredonné des fers.

Aehnlich G. 440; 1086; 1130; 1362; 1826; 5082; 5179; 5446.

G. 1078. Sel fiert del tranchant de l'acier.

Aehnlich G. 1160; 1314; 1362;

d) causalverhältnis.

Vertauschung von ursache und wirkung:

Der ausdruck für den schmerzensschrei ist für den schmerz selbst eingetreten:

S. d. P. 1217. Là sont, clas ont, hélas dient.

Umgekehrt der schmerz für den schmerzenslaut:

M. 65, 23. Ainsi a cel duel escouté.

Hierher gehören auch diejenigen fälle von vertauschung, wo prädicate, welche einer geisteseigenschaft zukommen, dem sie kundgebenden organe beigelegt werden:

M. 5, 9. Ot la gorgete esperital.

G. 6074. -- -- car trop est felonesse
Lu langue Ké!
G. 4142. Et Kex, qui ot la langue male.

e) symbolverhältnis.

Statt des namens, welcher den wesentlichen begriff aus-
drückt, findet sich die angabe des äusseren zeichens, mit
welchem seine erscheinung verknüpft ist.

Der preis, der dem sieger zu teil wird, hier ein sper-
ber, ein schwan oder ein kuss von der schönen königstochter,
ist das symbol des sieges, des ruhmes.

M. 17, 15. Se ceste pucele n'avoit
L'esprevier, ne sai qui l'eüst (in diesem falle
sollte der schönsten dame der preis werden).

M. 15, 7. Car savoir vous ferai par non
Qui ot le cigne et le beisier. .

M. 171, 14. Nuls ne puet, si largesce i faut
Conquerre pris par sou escu. do. M. 204, 2; 5; 226, 10.

Das schloss ist ein symbol für grossen reichtum:

R. d. E. 3. — ke de trop taire
Ne poroit nus grant chatel faire.

Der turm für das befestigte schloss:

G. 2821. Ne me movrai de ci entor,
Devant que j'aie vostre tor.

M. 43, 15. Das crucifix statt des gekreuzigten Christus:
Der könig überreicht seinen handschuh dem sieger:

M. 101, 2. Tenez mon gant, je vous saisis
De l'onour et des damoiseles.

Das banner ist das symbol der herrschaft, der heeres-
macht:

M. 173, 23. Tuit si parent à sa baniere.
G. 1288. Lors revinrent à ma baniere.

5. Wortspiel.

Beim tropus des wortspieles, des spieles mit dem wortklange, wird durch eine unmerkliche veränderung des wortes
eine wesentliche veränderung der vorstellung herbeigeführt.

Im reime finden sich nicht selten wörter, welche, bei
gleichem klange, doch ganz verschiedene bedeutung haben;
diese als wortspiele im eigentlichen sinne aufzufassen, wäre
gewagt, da es offenbar weniger in der absicht des dichters
lag, mit dem wortklange zu spielen; sie beweisen eher die
not des dichters an passenden reimverbindungen. Dennoch
seien einige beispiele citiert:

M. 7, 9. Non, par mon chief, se il cheïst
D'autresi haut com .i. clochier,
Jà ne l'en convenist clochier,
Puis qu'il l'eüst le jour veüe.

M. 130, 8. Si mainent as espées nues
Qu'il font voler devers les nues.

M. 124, 9. Que je n'aim riens tant comme joie.
— Dieus nous en doint joie, que j'oie
Por quoi il sont si esjoï,"
Fait cele qui pas n'en joï;

M. 133, 19. Passons outre; vez là m'amie
— Meraugis, ice n'i a mie.

M. 228, 24. Porce que toutes gentz le loent
Je m'en vant, si veuil que tuit l'oent.

S. d. P. 109. De religion ont l'abit
Mais ja pour chou n'aront habit En Paradis.

S. d. P. 483. Li grans valée c'est chis mondes
Qui n'est de pechiés nes ne mondes.

S. d. P. 883. Qui si grant joie fist de mi
Qu'en un jour et en un demi
No le vous poroie jou dire.

S. d'E. 93. Levai matin et pris congié,
Et me mis au chemin, com gié Avoi fet etc.

S. d. P. 1177. Qui le vorroit conter et dire.
Plains ert de grant misere et d'ire. do. G. 31; 1343.

R. d. E. 651. S'aucune en puet avoir, ait la,
Car bone tece, cant on l'a
Puet rendre si bel guerredon.

G. 3255. Sont as gens Maduc asanblé.

Mult signor Gauvain a sanblé etc.

G. 4631. Kex, tu as droit, si tu les kraignes,

En contre eles et tu les graignes;

Mehr vom dichter beabsichtigt erscheinen und sind deshalb hier zu beachten diejenigen wortspiele, welche sich im innern des verses vorfinden:

R. d. E. 475. A quatre rampunes rampans.

R. d. E. 545. Ki en mer entre et plus s'y paine

Plus trueve en mer amer et paine.

S. d'E. 540. Quar c'est uns mès qui pas ne cort Aus cors.

S. d. P. 21. Qant j'oï chou, mout fui joicus,

S. d. P. 1215. On n'i ot joie ne solas

Ne nulle vois fors que de las

Là sont, elas ont, helas dient.

Etwas weit liegt das wortspiel in

S. d. P. 523. Viers moi venoient chevauchant

Et leurs chevaus esporonant;

Iluec m'avoient espiié

Et en che val contre agaitié.

G. 3890. Sire, fait il, la plus estroite (sc. voie)

Est la plus droite.

Die beiden schönsten beispiele von wortspiel finden sich M. 81, 23. Qui lui fait sa reson tortue,

Si torte que de son tort tue

Le droit.

und G. 4387. Et por çoi ai non Druidain,

Que je dois estre Drus Ydain,

Ele ma drue et je ses drus.

6. Synecdoche.

Nah zusammenhängende begriffe werden unter dem bestimmten verhältnis des teiles zum ganzen vertauscht: man setzt entweder das ganze für den teil oder umgekehrt.

I. a) totum pro parte.

Hierbei steht das abstractum für das concretum.

Ein teil der beispiele des totum pro parte ist schon unter
metonymie angeführt (pag. 40 ff.)

M. 10, 20. Là où li tornois assembloit.

An dieser stelle ist noch anzuführen:

M. 63, 4. La vielle qui mult fu chenue, indem sich das grau
nur auf die haarfarbe beziehen soll.

Aehnlich, doch schon schwächer ist

M. 43, 1. Lorete au blont chief. do. G. 5900; 3564.

b) pars pro toto.

Vor allem beliebt ist es, gewisse pronomina durch ein
substantivum zu umschreiben; so wird das personalpronomen
durch corps wiedergegeben:

1. p. M. 116, 17. Por saint Denyse, si mes corps
Peüst par force aler là sus.

G. 137, Dius m'a aventure envoié
Dont ma cors ert joians et lié.

M. 150, 3. Ou que ce soit, jà n'iert si loing
Que je n'aille mettre mon corps Por vous

G. 1326. M'amor vos otroi et présent Mon cors.

2. p. M. 91, 22. Devant que cele cure vendra
Qu'il m'ait de vostre corps vengié.

M. 232, 20. — et dist qu'il ne demande
Fors vostre corps.

3. p. M. 24, 1. Doit touz li mons amer son corps.

M. 250, 17. Que par mon corps et par le sien
Soit iceste guerre afinée.

S. d. P. 452. Car le cors desiervir covient.

ebenso das reflexivpronomen:

R. d. E. 484. Bien doit chascuns son cors oster.

M. 178, 23. — ains metent les corps A bandon.

G. 2777. — por lor cors desfendre.

Das personalpronomen durch cuers umschrieben:

1. p. S. d. P. 434. Si eu le cuer joiant et lié. do. S. d. P. 332.

G. 5938. Car mes cuers a si grant envie De etc. do. 5812.

2. p. M. 250, 7. Que se tes cuers est si hardis Que etc.

G. 5819. Que li tuens cuers desire plus.

3. p. M. 249, 20. Or ne sai je que ses cuers pense.

R. d. E. 92. De son cuer — —

    Ist uns vains mos faintis d'eschar.

Eine andere umschreibung der 1. person des personalpronomens ist:

M. 90, 20. — — Je deffendrai

    Mes membres tant com je porrai.

Einmal wird anstatt der person selbst nur ein bestimmter körperteil gesetzt:

M. 225, 13. Mes mult en a dedenz de ceus

    Qui tant se doutent que il n'osent

    L'ocil metre fors.

II. Am zahlreichsten und mannigfaltigsten bietet sich bei Raoul die synecdoche da dar, wo bestimmte zahlen gelegentlich allgemeiner zahlen- und grössenangaben verwendet werden.

a) für die allgemeinen ausdrücke „unzählig viele," „viele"; „viele male" gebraucht Raoul

    α) grössere bestimmte zahlen: cent mil, mil, cent.

M. 218, 12. Tu es li pire de caienz

    S'il estoient cent mil à conte.

S. d. P. 1013. Qui cent mil ans laiens estoit

M. 173, 21. Et dist que por mil marcs d'argent

    Ne lairoit etc.

do. R. d. E. 541; G. 1267; 3938; 5328

M. 173, 9. De son lignage s'assemblerent

    Trois centz ou plus. do. M. 174, 23.

G. 2955. Tuit abrievé plus de .III.ᵉ

M. 140, 25. Puis s'escrie: „Ha Meraugis!"

    Plus de .C. foitz tout près après.

do. M. 244, 7; 39, 25.

G. 622. Là vi je testes plus de cent.

do. G. 3201; 3936; 2760; 2372. R. d. E. 596; 610; 614; 616.

M. 21, 14. Qu'il fut .C. tantz plus desvoiez.

do. M. 249, 12; R. d. E. 539.

M. 225, 9, Tiex cent chevaliers.

M. 236, 7. — Contre lui
Cent ensemble, non dui à dui Courent.

M. 112, 3. Cent diables le puissent querre.

G. 1603. Vausist estre cent liues loing.

ferner M. 233, 6; 244, 14;

β) kleinere, bestimmte zahlen:

M. 36, 16. Chevaliers ont navrez et pris
Plus de .LX. en ce termine.

G. 1720. Si ot sergeans et escuiers,
Dusqu'à .LX. en sa maisson.

G. 1738. En plus de .LX. païs
Le quist, ainc ne le pot trover.

S. d'E. 657. Quarante sols de deablies.

M. 9, 22. Bien dusqu'à .XXX. damesiaus.

do. M. 96, 11; 96, 15; G. 5823; 3148.

M. 55, 5. Des mes dont i ot plus de vint.

do. M. 177, 20. G. 2800; 2930; 1718; 2136.

G. 2773. Bien dusqu'à .XX., u plus sergans.

M. 95, 22. — devant le tref avoit
Une quintaine.

M. 113, 7. Bien jusqu'à douze damoiseles.

R. d. E. 202. Venir dis fois en sa maison.

M. 195, 10. Il n'i a nul qui n'ait el corps
Dis plaies.

Während diese zahlen noch gut abgerundet waren, verwendet Raoul auch ganz bestimmte zahlengrössen statt einer unbestimmt grossen zahlenangabe.

M. 141, 14. Plus de sept foiz por le deable Se saigne.

G. 5318. Lors s'estendi plus de .VII. fois.

G. 3817. Or l'aime plus voire .VII. tans

G. 1480. Et vallet salent plus. de .VII.

M. 4, 12. Passast bien parmi .V. escuz

G. 3423. .V. ans, u plus, si com je croi.

G. 142. Tos .V. (anials) por plus de .IIII. fois
Les a tirés et tornoiés.

G. 3373. Trois fois cria tot près après.

G. 1966. Car se cis ne vausist .II. tans
Que Ké, ancois s'osast crêver
L'un des iols etc.

b) kleinere, bestimmte zahlen an stelle der unbestimmten zahlenausdrücke „wenig“, „geringe anzahl“, „kurze zeit“ etc.

S. d'E. 178. Qu'en cest mont n'a pas de gent dis
Qui d'els la verité retrait.

M. 21, 13. Or n'ot il pas .V. pas alé.

G. 2883. Mais ainc i orent .V. jor mis.

G. 1322. Me cria .IIII. mos en haut.

G. 2059. Le vi n'a pas .III. jors passé.

G. 824. — mais laissiés moi
Solement .III. morcials mangier.

M. 20, 4. — — je lui dirai
Deus mots.

M. 54, 4. Or se retraist arriere un pas
Et or en revient deus avant.

Eine teilzahl ist angewendet, um einen kleinen teil des tages zu bezeichnen:

S. d. P. 246. Ains c'on eüst alé le disme
D'une journée.

Beachtenswert ist, dass bei Raoul an einigen stellen mehrere zahlwörter nebeneinander in eine reihe gestellt werden; dieses mittel wirkt bei aufzählungen sehr belebend und verleiht dem ganzen eine grössere sinnliche anschaulichkeit.

Zumeist finden sich derartige zahlenreihen bis zum reime ausgedehnt; diese bieten dem dichter eine erleichterung für den reim, dienen oft nur als füllsel des verses.

R. d. E. 373. Chis .XXX. sous, chis autres .XX.

M. 153, 5. A bien le jour .X. foiz ou vint

G. 37. Vont esbahi, ça .X., ça .XX.

M. 115, 2. Et il cria trois foiz ou quatre.

R. d. E. 229. Et s'il avient qu'ait mal assis
.iij. dons u .iiij. u chinq u vi.

G. 3210. Atant cil de l'ost s'atornerent
Ça .I., ça .VII., ça .X., ça .XX.

G. 3201. Que plus de .C. en ont ocis.
Ça .I., ça .II., ça .VII., ça .X.

G. 3642. Torcles i ot .V. u sis
U .X., u .XII., u plus, u mains

M. 40, 13. Li murmures et li estris,
Ça .II., ça .III., ça .V., ça .VI.

M. 176, 3. Qu'il s'enfuirent ça un, ça deus.

Wenn die zahlenreihe sich nicht bis an das reimwort
hin erstreckt, so gebraucht der dichter, auch nur des be-
quemeren reimes wegen, das unbestimmte plus oder mains:

M. 39, 27. Ça .X., ça .XX., ça mains, ça plus.

M. 174, 3. Ça .V., ça .X., ça .XX., ça mains.

Mitten im verse: M. 115, 5. Deus fois ou trois au chevalier.

Statt der unbestimmt grossen massangaben „sehr weit",
„sehr lang" führt der dichter bestimmte masse ein:

M. 6, 10. Qu'anviron lui à une toise
N'avoit se cortoise non.

R. d. E. 608. Alant et avant une toise Est amurs.

S. d'E. 44. A une toise sis del roi.

G. 3502. Issi que parmi outre lance
De sa lance plus d'une toisse.

G. 128. Si qu'en paroit del tronçon fors
Plus d'une toise mesurée.

G. 2937. Trois toisses en ont abatu.

G. 1310. De la lance, que li tronçon
En volerent .V. toises haut.

G. 2876. Un castelet ont contrefait
Qui bien ot .X. toisses de haut.

M. 181, 12. Avoit une roche dreciée
  Dont la falaise estoit tranchiée
  Plus de cent toises en parfont.
M. 180, 20. Quatre leues dura la chace.
M. 248, 21. Et fu près de dix leues loing.
G. 668. Oïl, j'irai le mains
  Plus de .XX. liues, et venroie;
M. 197, 18. — deus piez en loing Vole la main.
  Geringe entfernung und grösse wird umschrieben:
M. 140, 15. N'ot d'iluec jusqu'en sa meson
  Que .V. leues.
S. d'E. 302. Que d'iluec jusqu'à Mort Soubite
  N'a c'une liue de travers.
S. d. P. 239. Mais n'enc alé c'une lieuete.
M. 83, 18. Qui n'ose aprochier d'un arpent
  Du paveillon.
G. 3826. A .II. archies, ù à mains
  De la forest, dont il issirent
  .I. quarrefor devant ex virent.
G. 4220. Si n'ot pas le cors à nul fuer
  Plus lonc d'un espanc et demie.

7. Hyperbel.

Die heftigkeit und gewalt der wirkung geistiger affecte wird hyperbolisch wiedergegeben durch ausdrücke wie „von sinnen sein, dem tod nahe sein, sterben" u. a. m.

M. 67, 3. Quant li chevaliers voit s'amie
  Qui pleure, à poi qu'il n'est desvez.
G. 5542. Et mesire Gauvains iriés
  Fu, si qu'à poi qu'il n'est dervés;
aehnlich G. 4595; G. 4702.
G. 960. Por .I. petit que il n'issi
  Del sens. Aehnlich G. 3955; 4575; 1589.
G. 2379. Son frère, à poi n'est esragiés.
G. 2621. — -- et li cri lieve
  A poi que la dame n'en crieve.

4*

M. 214, 1. Dame, li fois que desiroie M'a mort.

M. 209, Qu'il muert d'annui.

M. 202, 6. Tant la veult que il en morroit De duel.
Aehnlich: M. 205, 13; 209, 5; 214, 23; 226, 22.

G. 31. Que peu s'en faut qu'il ne muert d'ire.
Aehnlich G. 53; 2045.

Uebertreibend schildert der dichter die gewalt der liebenden dame:

Die weissen arme der geliebten schützen vor krankheit: (aehnliche beispiele sind schon unter metapher (pag. 26) genannt.)

M. 6, 5. Qui une foiz fust acolez
De ses braz qui erent si blanc
James n'eüst la goute el flanc.

Schon ein blick der geliebten hält alles unglück ab:

M. 7, 6. Avec ce si gracieuse estoit
Qu'à celui qui la regardoit
Jà le jour ne lui mescheïst;
Non, par mon chief, se il cheïst
D'autresi haut com .I. clochier,
Jà ne l'en convenist clochier
Puis qu'il l'eüst le jour veüe.

Der anblick einer schönen dame verleiht heldenmut:

M. 13, 8. Et cil ne fust mie laniers
Qui ot Lidoine conneüe.

Meraugis' blick allein besiegt den gegner:

M. 83, 20. Seul de le voir sont tuit vaincu
Li chevalier de ceste terre.

Ferner nennen wir als bemerkenswert die hyperbolische schilderung der wucht der feindlichen schläge:

M. 130, 25. S'il ferissent aussi bons cous
Com il firent au commencier
Et lour testes fuissent d'acier,
N'i eüst li plus forz durée.

der unversöhnlichkeit der streitenden:

M. 194, 10. — mes se ci estoit
Li rois Artus, il ne porroit
Nous concorder ne metre pes.

der treuen liebe:

M. 245, 17. S'estoies Meraugis et Diex
Tout ensemble, n'auras tu pas Lidoine.

der furchtlosigkeit:

M. 181, 5. Si tous-li empires de Rome
Estoit entour, n'auroit il garde.

S. d. P. 570. De la compaigne qui ert tant fiere
Qu'ele ne doute roi ne conte.

G. 2738. So tos li mons ert comme .I. homme
Contre vos asanblés là fors,
N'arés vos garde.

der schwierigkeit, dem Outredouté auf die Spur zu kommen:

M. 112, 3. Cent diables le puissent querre.

des grossen reichtums:

G. 2206, Que tote la ricece Diu
Avés ci dedens amassée.

grosser schönheit:

G. 5230. Se Dius l'avoit faite à ses mains.

Hyperbolischer ausdrücke bedienen sich die ritterlichen helden, um ihren worten einen höheren wert, mehr glaubhaftigkeit beizulegen:

G. 670. Les iols de ma teste i mettroie.

G. 3712. Je vos donrai ma teste en dons
Tote quite, s'il n'est issi.

Lieber will man diesen oder jenen herben verlust erleiden, lieber will man selbst wichtige gliedmassen seines körpers, selbst das leben opfern, als einer forderung genügen oder länger in seiner bedrängten lage verbleiben:

G. 2308. Il ne méist por .I. tor
Son cief en la fenestre ariere.

G. 1604. Cil i ot qui vausist le puing
      Avoir perdu, si fust aillors.
G. 2828. J'aurai ainçois les iols saciés
      Que vers lui face traïsson.
M. 80, 5. — non, ainz soufreroie
      Qu'on me coupast ceste main destre.
G. 4354. Ains me lairroie parmi fendre
      C'autre compaignon i mesisse.
M. 172, 15. Mielz voudroit estre renoiez
      Ou ars ou penduz ou noiez,
      Que por culs tous en feïst rien.
M. 174, 18. Si dist que mielz voloit morir
      Que por culs fust li champs partis. do. M. 219, 12.
M. 137, 13. Jo voudroie bien qu'il feïst
      Tel orage qui m'oceïst.

Lidoine ist ihrer körperlichen schönheit wegen der liebe
wert, selbst wenn sie innerlich noch so furchterregend und
hassenswert wäre:

M. 23, 23. Il m'est avis, si com je croi,
      S'ele est dyables par dedenz,
      Ou guivre, ou fantosme, ou serpenz
      Por la biauté, qui est deforz,
      Doit touz li mons amer son corps.
M. 25, 5. Ou soit vilaine, ou soit cortoise,
      Ou soit de toutes males mours,
      N'aim je se sa biauté d'amours,
      Tant que touz m'en puis merveillier.

Hingegen Meraugis liebt die dame ausschliesslich ihrer
tugenden wegen, achtet ein hässliches äussere nicht:

M. 26, 22. Que s'ele estoit brunete ou noire
      Ou fauve — — — —
      Ja por ce mains ne l'ameroie.
Aehnlich G. 3581. Et, s'ele fust u fauve u noire
      Si l'aimast il, por mon cief voire.

Eine andere art von hyperbel ist diejenige, welche eine

bestimmte, grosse zeitdauer angiebt, welche der dichter nötig
haben würde, um ein erlebnis zu schildern, oder um eine
begonnene schilderung zu beenden:

S. d. P. 154. Ne vous aroi hui raconté
Les manaces qu'ele me fist.
do. S. d. P. 586; 1012; S. d'E. 354,
S. d. P. 395. Et fisent tel fieste de moi.
Que en un an et demi
Ne le porroie raconter.
S. d. P. 883. Qui si grant joie fist de mi
Qu'en un jour et en un demi
Ne le vous poroie jou dire.

Den gleichen effect hat die einführung von teilzahlen:

M. 104, 7. Si grant duel fait que ne sauroie
La disme dire ne retraire.
S. d. P. 1057. Que sens d'omme ne souffist mie
A chou que la moitié en die.
S. d. P. 1180. Nus home ne poroit metre cures
A chou qu'en disoit le moitié.
G. 6028. Mais nus ne poroit raconter
Le moitié, ne le tierce part.

Am einfachsten und geläufigsten sind die hyperbeln in
gestalt einer verstärkten negation oder affirmation.

1) verstärkte negationspartikeln sind bei Raoul und im
Gauvain: ne-onques; ne onques-mais; ainc-ne; ainc mais-ne;
ja-ne; jamais-ne.

M. 115, 18. — — onques plus bele Ne fu.
do. M. 16, 25; S. d. P. 898; M. 76, 17; 80, 18; 163, 2; 201, 13.
G. 92. Onques la nuis ne reposa. do. G. 424; 4638; 4808; 5497.
M. 24, 22. Ainsi que james à nul fuer
N'en partirai.
M. 57, 13. Jà de la mort, ne de la vie
N'aurez par moi avoiement.
M. 146, 22. Un duel si grant qu'ains tiex ne fu. do. S. d. P. 899.
G. 1018. Ains n'ot millor, ne rois ne quens. do. G. 513.

S. d'E. 149. Qu'ainc mès si vil passé n'avoie. do. S. d. P. 256.

G. 17. Qu'ainc mais n'i ot tant chevaliers.

S. d. P. 388. Onques mès si grant joie à droit
No fu feto commo il me firent.

G. 4638. Onques mais plus voir no desistes.

Die verben „sehen" und „hören" werden gern mit diesen
negationen verbunden:

1. person. M. 210, 25. Qu'onques si laide riens ne vi.
do. S. d'E. 666; S. d. P. 264.

G. 1787. Onques ne vi si bel castel. do. G. 1894; 2370.

S. d. P. 40. Mais ainc ne vi si grant baudour
No tel joie no tel deduit. do. S. d. P. 879.

S. d. P. 252. Qu'ainc mais no vi si grant amour.

S. d. P. 310. C'onques mais en nule maniere
No vi tel joie demener.

G. 1996. Chevalier de si grant valor
No cuic que onques mais véisse.

M. 65, 21. Qu'onques mes duel, si cestui non
N'oi. do. M, 122, 1.

S. d'E. 358. Où la greignor joie de France.
Oï, no cuit mès si grant oïe.

G. 2310. Puis li a dit: „En tel maniere
D'amor n'oi en nule terre.

2. person. M. 107, 22. Onques tel joie no tel bruit
No veistes. do. M. 123, 10.

M. 128, 21. — si bien s'entresont
Feruz qu'ainz ne veïstes mielz.

G. 2762. Ainc ne véistes humain cors.

S. d. P. 462. Onques n'oistes sa parcille.

S. d'E. 538. Tel que parler n'oïstes mès
De nule tel viande à cort.

3. person. M. 120, 20. Onques nule de sa biauté
No vit. do. S. d. P. 371.

G. 2157. Que onques mais si bel ne vit.

M. 129, 14. Cil de la cité qui n'avoient
Onques mes tel jouste veüe.
M. 233, 11. Dient qu'onques veü n'avoient
Tel bataille. do. S. d'E. 509.
G. 1894. Onques n'avoient véu tant bel. do. G. 1897.
G. 162. Ainc tant bele (nef) ne fu véuc.
S. d'E. 422. Mès ains mangiers ne fu veüs
Si riches.

Mit dieser art der hyperbel verbindet sich an einigen
stellen ein pleonasmus, den zu erwähnen hier am platze ist;
es wird nämlich einige male bei verben des sagens und
sehens das sprechende und sehende organ hinzugefügt:

M. 73, 2. N'onques ne fu, en nule terre
Nuls chevaliers veüz as iels.
G. 3296. Jamais ne verrés à vos ius
Nul plus fier estor que cil fu.
M. 57, 5. Car tant fu plains de mautalent
Por lui, que bouche ne puet dire.
S. d. P. 373. Et angousses de cuer si douces
C'on nel porroit dire par bouches.
G. 3810. Nus ne porroit dire de bouce
Tel caraude, por cuer grever.

Den bisher genannten hyperbolischen redewendungen
ähnlich sind die folgenden, welche ich, der kürze wegen,
unverbunden nebeneinander setze.

M. 39, 23. Qui leur biauté apereeüst
En peust .I. grant conte faire.
S. d. P. 188. Mais nus hom dire ne poroit
Les biens. do. S. d. P. 1197.
Aehnlich M. 147, 15; S. d. P. 1176.
M. 72, 23. Mes de si grant biauté estoit
Que nuls plus bele ne seüst querre.
S. d. P. 906. Ja nus hom n'en venroit à chief.
S. d. P. 965. Que nus (hom) n'en poroit conte rendre
G. 3632. Or n'en sait nus ne fin ne conte.

M. 98, 24. Por ce se taist, mes il est tant
Vers lui iriez que plus ne puet. do. M. 224, 6; 55, 12.

M. 160, 15. Onques preudom ne lui pot plaire.

M. 163, 2. Onques el roiaume de Logres
Ne fu plus biax vassalz norriz.

G. 596. Jamais si fels hon ne naistra. aehnlich G. 1274;
4324; 4392.

Allgemeine zeitbestimmungen heben die byperbel noch
besonders hervor:

M. 57, 13. Jà de la mort ne de la vie
N'aurez par moi avoiement.

G. 1894. Onques n'avoit véu tant bel
Mesire Gauvains en sa vie.

G. 1706. Onques plus vaillant chevalier
Ne vi en cest siecle vivant.

M. 168, 8 — — si ot joie
Mult grant; james de rien qu'il oie
En cest siecle greignour aura.

M. 137, 10. Que jà nul jour, ne loing ne prés
N'en partirai.

M. 182, 12, Dist que james jour de ce mond
N'en partira. do. M. 235, 10.

G. 4178. Jamais nul jor n'aurai amie.

G. 5162. Que jamais nul jor en .I. leu
Mi drap ne serroient en droit Vestu.

G. 2370. Puis cele eure que née fui
Ne vi mais rien issi cangié. do. G. 3538.

Allgemeine ortsbestimmungen:

M. 16, 22. Qu'il n'eüst jà en nulle terre
Tornoiement où il ne fussent.
do. M. 31, 11; 73, 2. S. d'E. 224.

M. 189, 20. Plus liez qu'onques ne fui nul lieu.

G. 1250. Nis dame de si haut parage
Ne sai je en nul liu ci entor. do. G. 2154.

M, 134, 5. C'est une dame, ci entour
    N'a plus bele.

M. 6, 11. Qu'anviron lui à une toise
    N'avoit se cortoise non.

G. 2314. Ne cuic qu'il trovast en nul liu
    Nule dame qui si amast.

G. 1283. Ainc ne fist mius en nule place Que cil.

G. 1726. Chevaliers ert bon de sa main,
    Il n'ot millor en nul païs. do. G. 5722.

G. 4792. A .II. jornées environ N'ot preudoume etc.

S. d. P. 579. Si hardis qu'en deus chités
    Ne troveroit on sa pareille.

M. 17, 17. Que pas ne cuit que nulz peüst
    En ce mond plus bele trover.

do. M. 58, 3; S. d'E. 424; 566.

G. 992. El monde n'est nus mius errant. do. G. 3092.

M. 181, 16. Avoit murs et torneles teles
    Qu'en tout le mond n'avoit auteles.

do. G. 1808; 2144.

M. 165, 24. — Sous ciel n'a rien
    Que je ne face. do. M. 158, 7; 168, 12.

G. 2500. Coment, fait il, sous ciel n'a rien
    Que je ne face outréement, aehnlich G. 2492; 3594.

    2) Schliesslich sei noch der affirmativen hyperbolischen redeweisen gedacht.

M. 192. 20. Bataille! tu es la meillour
    Qu'onques mes fust en nesun jour.

M. 237, 8. Plus qu'onques mais du sairement
    Fu Belchis liés outréement.

G. 3172. Et il sist sor le millor beste
    U onques chevaliers se sist.

M. 160, 12. C'est li plus lais qu'onques nature Feïst onques.

M. 71, 23. En tous les lieus où je porroie.

G. 102. Au plus isnel le mit qu'il pot.

G. 5566. Tuit li baron de ceste terre.

G. 5827. Que c'estoit del païs li mius.

M. 16, 20. Chevalier furent ambedui
>   Li dui meilleur qu'on sëust querre.

M. 56, 5. Du meilleur chevalier du mond.

do. M. 95, 10; 113, 5; 147, 12; 228, 21.

G. 5560. Del millor chevalier del monde.

do. G. 5837; 5512; 4591.

S. d. P. 1201. Oue li plus grans tourmens del monde

S. d. P. 869. Le plus isnelement du mont.

M. 81, 2. Si preus que toz li monds seüst
>   Sa proesse, aehnlich M. 176, 13.

G. 1323. Que tos li mont le pot oïr.

8. Litotes.

Die litotes ist das gegenteil der hyperbel, eine herab-
setzung unter die wahrheit. Um etwas ganz geringes, un-
bedeutendes auszudrücken, z. b. „nichts", „niemand", bedient
sich der dichter der litotes in folgenden fällen:

M. 205, 2. Vist, nenil; n'ele n'en sot mot.

G. 4107. C'onques .I. sol mot ne parla.

G. 1348. Onques ni ot parlé .I. mot.

M. 158, 25. n'i entent goute

S. d. P. 983. ne voient goute
>   Eine geringe entfernung bezeichnet:

G. 3452. Jamais o vos n'ira un pas.

S. d'E. 364. Jouste Mort Soubite est Enfers
>   N'i a c'un souffle à trespasser.

Ein geringer wert soll angegeben werden:

G. 1409. Ains ainme plus le chevalier
>   Qui ne le prise .I. sol denier.

G. 1404. Ne le prise mie .I. bouton.

G. 882. Certes ne vos redouc je mie
>   La monte d'une nois pourrie.

M. 31, 13. Car li uns d'euls ne puet conquerre
>   Sour l'autre vaillant un denier.

Mit Grosse (a. a. o. pag. 191.) seien, als zweite art von

litotes, diejenigen beispiele genannt, wo durch das verneinte gegensätzliche gerade der positive sinn hervorgehoben und gesteigert wird und gruppiere ich dieselben, wie Grosse, nach den wortclassen, welche durch die litotes hervorgehoben werden.

1) substantivum:

M. 172, 20. N'est mie comencié à gas Ceste melleé.

M. 17, 7. Car ce n'ert mie gieus de veille
De la grant biauté qu'ele avoit.

M. 237, 11. — n'est mie despit
D'estre homme à si bon chevalier.

M. 16, 4. Ne firent mie longue paine
A lor afere deviser.

M. 14, 24. Ne ferai mie long sejour
En leur proesce deviser.

M. 11, 10. N'a mie fete longue tresche.

G. 732. N'a pas talent que il s'en aille
Quant il trove la table mise

G. 2962. N'i vinrent mie par loissir
Cil qui venoient à l'asaut.

2) adjectivum:

M. 8, 19. La pucele de Landemore
Qui n'est mie laide ne more.

M. 128, 7. Et li chevaliers qui n'estoit
Vilain, n'enuieus, ne malvais, aehnlich M. 200, 14.

M. 159, 22. Lidoine qui ne fu pas nice; aehnlich M. 217, 10.

M. 13, 8. Et cil ne fust mie laniers
Qui ot Lidoine conneüe.

M. 125, 6. Cil n'est mie mains granz de lui.

G. 3644. Mai li castels n'ert pas vilains.

3) verbum:

M. 24, 8. Porquoi, amis, je ne vous doi
Celer rien de ma privauté.

M. 57, 12. — nel celez mie.

G. 1931. Onques mes nons ne fu celés,
do. G. 2700; 2706; 2708; 2729.

G. 2750. Dites moi, se fetes savoir
   Sans rien taire, hardiement Vostre besoigne.
G. 72. Onques de rien ne l'contredist.
M. 86, 20. — — Je leur dirai
   Sans doute, ja n'en mentirai.
M. 59, 10. Je ne vous desdirai de rien.
M. 90, 18. Ne te faing pas.
G. 4010. Dist li rois: „Je ne le hac mie.
G. 3608. — „Damoissele, je ne grouc mie. do. G. 4082.
G. 774. Et messire Gauvains del prendre
   Les mès ne se fist proier.
M. 205, 3. Mes l'amour dont ele l'amot N'est pas morte.
M. 148, 9. Meraugis qui n'oublia mie Lidoine.

9. Ironie.

Die ironie wirkt durch wahl eines ausdruckes, welcher das entgegengesetzte von dem ausspricht, was sie meint und verstanden wissen will (Gerber, a. a. o. II 2, 83.) und überrascht dadurch den hörer.

Was die ironie bei Raoul anbelangt, so ist dieselbe ganz selten und bietet nichts characteristisches; die beiden einzigen beispiele, eins aus „Meraugis", das andere aus „Gauvain" sind:

Der grimmige Outredouté sticht dem Laquis, der ihm den rechten weg zeigen soll, das auge aus und sagt darauf:
M. 91, 11. Et dit que c'est por asener
   A la voie, qu'il ne l'oublist.

Als Gawein, ein erprobter ritter, mit Guengasouin kämpfend, vom rosse stürzt, ruft ihm dieser höhnisch zu:
G. 5514. „Mesire Gauvains remanés,
   Gardés la place je m'en vois!

10. Oxymoron.

Wenn wir nicht jede, auch unbewusste gegenüberstellung von einander widersprechenden begriffen als oxymoron auffassen wollen, uns vielmehr mit den fällen begnügen, weche eine offenbare absicht des dichters erkennen lassen, so beschränkt sich die anzahl der oxymora bei Raoul auf wenige:

M. 94, 24. Où li hardi sont plus coart
Que lievre et li coart hardi
Plus que lions.

R. d. E. 351. Soit de largece convoiteus.

M. 81, 1. Que l'ocuvre est torte en l'omme droit.

G. 2046. Qui en vivant me fait morir.

11. Euphemismus.

Statt der sich unmittelbar bietenden ausdrücke werden gefälligere eingeführt, sei es aus vorsicht, aus zartheit der empfindung, oder aus blosser höflichkeit.

Euphemismen für:

„sterben": M. 7, 21. Quant ses peres fu trespassez.

G. 5265. Qu'il ert ocis et trespassés.

G. 2275. Se je tenoie Gauvain ci,
2278. Ja ne diroit plus patrenostre
Por s'ame, quant d'ici istroit.

„töten": G. 1218. Que tolés à tos cels la vie.

Einmal hält es der dichter für angebracht, einen euphemismus für „sterben" im folgenden verse selbst zu erklären:

S. d. P. 788. Mais haste toi ains qu'il anuite,
C'est à dire ains que li mors viegne.

Euphemismus für „schlagen":

G. 1362. Si qu'il me fist lo fer sentir. do. G. 1314.

G. 5392. — — et esprové
Si ses armes erent si dures.

„aus dem sattel heben" und „zu boden werfen":

G. 1264. Et mainte sele i ot tournée.

„fliehen":

G. 575. Quant li praistres lo vit venir
Le dos torne.

II. Sinnlichkeit des Ausdruckes für das Gehör.

Sie beruht lediglich auf einer malerei mit lauten und tönen, genannt onomatopocie, und findet sich nur im „Meraugis":

M. 185, 9. Quant j'oi chanter à mes oreilles
Le roussignol: oci, oci.

M. 72, 13. Qui va criant: „ohé, ohé!"

M. 60, 16. Que touz li monds dist de vous li.

B. Lebendigkeit des Ausdrucks in der Anordnung und Verbindung der Worte.

Zwei ganz verschiedene mittel führen zu dem gleichen ziele der lebendigkeit: bewegung des ruhenden durch fortschritt und beruhigung des fortschreitenden durch innehalten.

Was die worte selbst anbelangt, so sieht man bei ihrer anordnung und verbindung entweder auf ihren inneren gehalt, insofern sie der ausdruck von vorstellungen und gedanken sind, oder auf ihre äussere gestalt, insofern sie nur als klingendes material aufgefasst werden. [1])

Wir betrachten

I. die lebendigkeit in der anordnung und der verbindung der worte in rücksicht auf den gehalt derselben und zwar zunächst als

a) mittel zur bewegung des ruhigen

Asyndeton.

Das asyndeton lässt, von der gewöhnlichen rede abweichend, das übliche bindewort zwischen den einzelnen vorstellungen fallen.

α) substantiva werden unverbunden aneinander gereiht:

M. 243, 8. Cil est uns fox, un laidz,
C'est uns sages, uns bien faitz, Un cortois.

S. d. P. 929. Chevaliers, bourgois, gens menues I avoit.

S. d'E. 354. Les liues, les viles, les voies
Ne vous auroie hui acontées.

---

[1]) Wackernagel, a. a. o. pag. 406 ff.

G. 1862. Ces demoiseles font fresials,
Braiels, coroies, dras de soie. Achulich G. 1838; 1866.
G. 5698. Cauces, haubere et clme.
M. 31, 7. Es sorcilz, es testes, es cous
S'entredonent.
S. d'E 133. De cuer, de cors, de bras, de mains
Est granz assez.
M. 35, 17. Ne jamais devant lors n'aurai
Repos, ne joie, ne sejour. Achnlich M. 78, 11; 166, 21.
S. d'E. 638. Il n'i remest riens à conter
Pechiez ne honte ne reprouche.
Aehnlich S. d. P. 275; 349; 1157. G. 589; 2388; 3094;
3406; 4879; 6036; 4066.

β) adjectiva:

S. d'E. 635. Les faits trestout à point de rime
Si bel, si bien, si leonime.
R. d. F. 563. — si ke li vins
Remest si nes, si purs, si fine
Si biauz, si clers ke vins puet estre.
S. d. P. 264. Onques n'avoie veü tel
Si bel, ne si net, ne si riche.
M. 128, 7. Et li chevaliers qui n'estoit
Vilain, n'enuieus, ne malvais.

γ) verba:

M. 233, 6. S'entreferent, les lances croissent
En cent pieces, li escu froissent,
Cil s'en passent. Aehnlich M. 55, 19.
G. 4729. Le fiert el pis sous la mamele,
Le fer li mit en la forcele,
Le cuer li trence, mort l'abat.
Ausserdem G. 3112; 3744; 4762; 5444.

b) Zahlreich sind die stilistischen mittel zur beruhigung
des bewegten. Wir teilen dieselben mit Wackernagel (a. a.
o. pag. 413) in zwei classen ein: „sie hemmen die bewegung,

5

teils, indem sie die anschauung nötigen, längere zeit auf einem punkte zu verweilen, teils, indem sie dieselbe auf eine ·vorstellung zurückführen, die ihr schon früher einmal vorgelegen hat, also teils durch verharren, teils durch wiederholung."

Hemmung der bewegung durch α. verharren.

1. Polysyndeton.

Das polysyndeton, die vielverbundenheit, macht die einzelnen momente einer längeren reihe von vorstellungen gleichzeitig. Bei zweigliedrigen polysyndetis macht es oft den eindruck, als wiederhole der dichter das bindewort „et" nur, um durch diese silbe den vers zu füllen; hier kommt es mehr auf die mehrgliedrigen, spannung erzeugenden polysyndeta an.

Vielverbundenheit der α. substantiva:

M. 222, 23. L'or et l'argent et les deniers. do. M. 170, 24.
G. 2151. Des cors sains et d'or et d'argent.
M. 161, 7. Terre et avoir et quanque j'ai.
Aehnlich M. 254, 17; 5, 2.
R. d. E. 506. Et joie et duel, et bien et mal.
S. d. P. 330. Et le lieu et le tens et l'eure
    Et l'occoison. Aehnlich S. d'E. 648. R. d. E. 636.
G. 1873. Dusqu'au soir oisiels et poison
    Et car de porc et venisson Trovast on.
Ausserdem G. 739; 2088; 2910; 4416; 4456; 3900.

β) adjectiva:

M. 3, 8. Li rois qui fu preuz et loiaus,
    Et riches d'avoir et poissanz.
Aehnlich M. 135, 8; 216, 14; 232, 9.
M. 225, 19. Par quoi il sont tuit esperdu
    Et mu et mat et entrepris.
M. 5, 11. Le col et bel et blanc et droit.
Ausserdem M. 160, 19; 173, 8; 182, 8; 29, 24; 61, 19; 17,20.
R. d. E. 573. Remest et pure et net et fine.

S. d'E. 118. Que Doners ert las et mendis,
Povres et mus et en destrece.
S. d. P. 488. Qui est courans et rade et fine.
G. 990. Il est grans et fors et ismials,
Tenres, sades et remuans
Ausserdem G. 456; 1249; 1790; 1860; 2055; 2849; 4225;
4229; 5284; 5710.
γ) verba:
M. 14, 14. Devant les dames, par le gaut
Poignent et joustent et assemblent.
Aehnlich M. 183, 16.
S. d'E. 253. Je li vois et il me revient
Et je le sache et il me tient
Et je sus hauce et il retrait.
Aehnlich S. d. P. 86; R. d. E. 521.
G. 3286. Lors véissiés ces chevals corre
Et escus fendre et estroer
Helmes brissier et enbaror
Cervals esprendre et bras trencer.
G. 554. En mi le bos descent à pié,
Si fist une loge à s'espée;
Et après a la sele ostée
Et osté le frain del cheval,
Et puis l'atace à un cordal.
Ausserdem G. 152; 247; 435; 3124; 4643; 4732; 5830.

2. Pleonasmus.

Die meisten pleonasmen sind formelhaft und tragen
somit kein individuelles gepräge.

Einem substantivum wird zum überfluss noch ein adjectivum beigesellt (cf. epitheton ornans pag. 5 ff.):
S. d. P. 1179. Die hölle ist plains de tenebres oscures.

Obgleich im begriffe „mensch" schon die sterblichkeit
der menschen inbegriffen ist, spricht der dichter S. d. P. 1081
und 1235 morteus hom. Andere pleonasmen sind M. 203, 7.
la mer parfonde; M. 187, 3. Homme de char. M. 188, 5. li

diables d'enfer; R. d. E. 401. droite raison. G. 2073. porpre vermelle.

Der hauptbegriff wird durch einen pleonastischen zusatz besonders hervorgehoben, indem einmal der sitz eines organes oder gliedes am menschlichen körper mitgenannt wird, wie M. 129, 19. Non, ainz lui deult li cuers el ventre. do. M. 4, 13. — M. 81, 22. li cuers el cors.

G. 3044. l'ame el cors

G. 3516. lor oil dedans lor test,

oder das, an sich selbstverständliche, ausübende organ bei bezeichnung einer thätigkeit mitgenannt wird, wie M. 136, 20. Dire de bouche. do. M. 55, 7. S. d'E. 640. M. 185, 9. Quant j'oi chanter à mes oreilles. M. 73, 3. Nuls chevaliers veüz as ielz. do. M. 102, 6. G. 3296. verrés de vos ius.

In folgenden versen, voll von pleonasmen, besingt Raoul die annehmlichkeiten des paradieses:

S. d. P. 1065. Tout adiès est il jours sans nuit

> Sans faussetés i est vretés,
> Et riquoise sans povretés,
> Et joie fine sans tristece;
> Séuretés i est sans peeur
> Et si est repos sans labeur.
> Durance i est sans prendre fin.

3. Tautologie.

Derselbe begriff wird mit wechselnder ausdrucksweise mehrere male wiederholt. Mit Wackernagel (a. a. o. pag. 415) rechne ich auch zur tautologie die anhäufung von synonymen, da zwischen vielen synonymen die grenzen so unvermerkt verlaufen, dass auch eine häufung solcher synonyma kaum mehr von der tautologie zu sondern ist.

In den werken Raouls de Houdenc und auch im „Gauvain" finden sich zahlreiche tautologien. Es sollen unterschieden werden die tautologien α) bei substantiven, β) bei adjectiven, γ) bei verben, und δ) tautologien, wo der gleiche begriff erst positiv und unmittelbar darauf negativ erscheint.

α) bei substantiven:

S. d. P. 1096. anui ne doel ne pesance.

S. d. P. 81. L'avantage et le preu.

G. 4945. ne bore ne cité, Ne voit recet ne abit.

G. 1101. La grans bataille et l'escremie.

M. 254, 22. compaing et ami.

S. d'E. 429. Sanz demorance et sans atente.

G. 4787. Sans demourance et sans sejor.

G. 4009. ma dame et m'amie. M. 197, 11. Force et vigour.

G. 170. Ne por force ne por pooir. S. d'E. 72. foi ne leauté.

S. d. P. 1076. N'i a groucement ne murmure.

G. 3223. De hardement et de prohece. do. S. d. P. 566.

G. 5667. honnor et pris. do. 6164. M. 110, 25. honte et dueil;

G. 2486. honte et despit. G. 3385. honte et vilenie.

S. d. P. 202. ire ne mautalent. G. 4172. Ire et corous.

M. 127, 7. joustes et mellées. M. 36, 15. los et pris.

M. 56, 15. los et losenges.

S. d. P. 828. mestre et signour. do. S. d'E. 106.

M. 173, 2. De la mellée et de la guerre.

G. 4520. De mautalent et de corols. G. 2470. noisse et bruit.

S. d. P. 638. ostel et manoir. Aehnlich S. d. P. 887.

M. 222, 23. L'or et l'argent et les deniers.

　do. M. 170, 24. G. 1500.

R. d. E. 502. paine et travas. S. d. P. 702; 994.

M. 97, 17. pes ne concorde. do. M. 98, 12.

M. 81, 19 reson ne droitz.

G. 3099. secours et aïe. do. G. 4593. S. d. P. 1280. sire et chiés.

G. 4315. tort ne desraisson. G. 4941. Voie ne sentier.

　do. S. d. P. 515; 645: S d'E. 14.

⁃ β) bei adjectiven:

M. 160, 18. anciens et viex.

G. 167. bien fais et bials. S. d. P. 736. biel ne gent.

S. d. P. 956. boillans et caus. do. S. d. P. 1304.

G. 5413. Iriés et plains de mautalent.

G. 138. joians et lié. do. G. 2719: S. d. P. 427; 434; 599.

M. 216, 23. large et pleniere. G. 810. mauvais et vilains.

G. 6078. maus et plains de forfait.

M. 205, 10. mue et pensive;

S. d. P. 175. pensive et morne.

S. d. P. 1010. soés Et dous et plains de bonté.

G. 25. torble et oscure; G. 3924. trouble et oscure.

γ) bei verben:

G. 3354. conter et retraire. G. 2029 conjoïst et salue.

S. d. P. 665. dire et conter; do. S. d. P. 1177. G. 5287.

G. 2261. demander et enquerre. M. 75, 5. despiece et fent.

G. 919. eslice et fent. Aehnlich G. 3236; 3504.

G. 1036. — si l'ai bien escoutée, Bien l'ai entendue et oïe.

S. d. P. 74. enquis et demandé.

S. d. P. 1036. oïr et entendre. S. d. P. 642. Prie et soumont.

M. 40, 5. Parla et dist. do. M. 50, 9; 66, 5; 57, 10.

M. 115, 21. Respont et dist. S. d. P. 859. requis et priais.

M. 146, 19. Regrete s'amie et complaint

Tant se demente et tant se plaint. do. M. 147, 19.

Ausserdem M. 43, 4; 55, 6; 76, 5; 103, 12; 146, 18.

S. d. P. 1173. R. d. F. 561; S. d'E. 576.

G. 4762; 4305; 4047; 2911; 2312.

δ) diejenigen tautologien, wo der gleiche begriff erst als positiver satz, dann als negativer gegensatz erscheint:

S. d. P. 493. Et li grans riviere courans.

Qui n'est coie ne demourans.

S. d. P. 674. Hardiement sans couarder.

G. 706. Por fol vos tieng, non por hardi.

S. d'E. 103. El premier chief, non pas en coste.

M. 41, 24. Ici de pres, nou pas de loincz.

M. 129, 1. Une piece, non pas lonc temps.

M. 187, 1. De plain eslès, non pas suef.

S. d. P. 966. Et je tantost, sans plus atendre.

G. 1220. Dites moi tost, sans targier.

G. 119. Toz sels, sans poi de compagnie.

G. 1882. Tuit i corent, nus n'i remaint. Achnlich M. 221, 12.

M. 86, 25. Va tout seür, ne doute riens.

M. 245, 10. Taisiez vous ent, n'en parlez mie.

Aehnlich G. 4115; 4106.

4. Parallelismus.

Zur hervorhebung eines gedankens wird derselbe *α*) entweder in einem parallelismus durch synonyme sätze wiederholt, oder *β*) in einer antithesis durch sätze entgegengesetzten inhaltes bestätigt und gehoben. (cf. Gerber, a. a. o. II 2 pag. 11.)

α) synonyme sätze:

S. d. P. 270. Que nule neteés n'i faut

Ne nule ordure n'i habite.

S. d'E. 23 Si me herbregai chiés Envie;

Plesant ostel et bele vie

Eumes . . . . . .

Envie bien me herbreja.

M. 76, 13. Volentiers le vous conterai,

Oiez por quoi, jel vous dirai.

M. 35, 21. Atant departent, si s'en vont. ähnlich M. 151, 4.

S. d'E. 351. Je m'en alai, ma voie pris.

G. 900. Je vuel que nos nos conbaton

Vos à pié et je à cheval:

Je suis el mont et vos el val.

G. 576. Le dos torne, si vait fuïr.

G. 6013. Et tuit font joie et tuit sont lié.

Hierzu sind auch die folgenden, im Gauvain auffallend oft wiederkehrenden sätze zu rechnen:

G. 23. Quant li jors passe et la nuit vint.

G. 1628. La nuis aproche, li jors vait.

G. 2928. Au soir, quant li jors fu salis,

Qu'il furent las et la nuis vint.

G. 4446. La nuis vint, li jors est passés. do. G. 22; 3936.

G. 3360. La nuis failli et li jors nest.

G. 3762. Au point dou jor, au matinet. do. G. 3762.

G. 4080. Le matinet, à l'ajorner.

β) sätze entgegengesetzten inhaltes:

Beachtenswert und wohl allen dichtern dieser epoche[1]) eigen ist es, dass bei dieser art des parallelismus, wo sich zwei antithesen gegenüberstehen, der erste satz eine litotes enthält und dem folgenden satze durch die adversativen conjunctionen aincois, mais oder si zugeführt wird:

M. 200, 14. — mes n'iert mie
    Vilaine, ainz est preuz et cortoise.

S. d'E. 131. N'est pas chetis ne recreüs,
    Ainz est et granz et parcreüs.

S. d. P. 1028. Que n'estoit point voirs, mais mençonge.

G. 2158. Je ne ment pas, ains a voir dit.

S. d. P. 484. Qui n'est de pechiés nes ne mondes
    Ains est mout et souilliés et ors. do. S. d. P. 274.

G. 3644. Mais li castel n'ert pas vilains,
    Ains ert mult bels.

G. 2952. Madus li Noirs ne fu pas loing,
    Ains fu lès lui tout en estant.

M. 28, 24. Qu'onques autant de mesprison
    N'avoient entr'euls deus veü,
    Mes grant amour i ot eü.

Aehnlich M. 124, 12. S. d. P. 1096.

M. 77, 6. Que de tot l'an ne porteroit
    Haubere ne hiaume; ainz justeroit
    Touz desarmez.

M. 129, 18. Lidoine ne s'en joue mie,
    Non, ainz l'en deult li cuers el ventre.

G. 3226. Ce ne fu pas cols de vainqu,
    Mais col de chevalier adroit.

G. 725. Illuec ne s'est mie arestés
    Ains est dedens la sale entrés.

---

[1]) cf. Grosse a. a. o. pag. 252.

G. 4082. Certes, dist Kex, je ne grouc mic;
Ains me plaist mult.

M. 160, 3. Ne fist pas longue demorée
Avec Avice, ainz s'en parti.

Achnlich M. 37, 13, 23; 121, 13.

S. d. P. 132. Dont ne fis mie lonc sejor
Ains pris congict, si m'en alai.

S. d. P. 575. Ne sont pas en Enfer blasmées
Mès chier tenues et amées.

Achnlich S. d. P. 258; 697.

Aussordom M. 2, 15; 103, 15; 160, 3. S. d. P. 181; 1093;
G. 2250; 6111.

5. Distributio.

Sie besteht darin, dass ein begriff nach seinem umfange näher beschrieben, ein ganzes in seine teile, eine gattung in ihre arten zerlegt wird.

Wenngleich Raoul die distributio oft anwendet und dadurch allgemeine begriffe zergliedert und ausmalt, so zeigt sich dennoch eine auffallend grössere mannigfaltigkeit der distributio bei Chrestien von Troies.[1]

I. Durch gegenüberstellung von gegensätzen wird eine gesamtheit oder eine allgemeinheit ausgedrückt;

II. Durch aufzählung ihrer glieder und teile wird eine gesamtheit erweitert oder erkennbar gemacht.

I. 1) Die allgemeinen negativen ausdrücke „niemand", „nichts", „nirgends", „niemals" werden widergegeben wie folgt: „niemand": M. 248, 7. S'il en beisast homme ne fame.

G. 742. Ne chevalier ne connestable N'i ot.

G. 2270. Mais nus, ne chevalier ne dame.

G. 5253. Et la pucele si n'a frere
Ne suer, qui part i puist avoir.

G. 272. En la cort n'ot roi ne conte. do. S. d. P. 570.

G. 4314. Et que nus, ne grans ne petis etc.

[1] Körting und Koschwitz: „französische Studien", I, pag. 255 ff.

M. 248, 23. Ne cil de l'ost, ne cis des nes Sachent etc.

G. 6091. No cist ne ceste ni venra.

„nichts“: M. 116, 6. Que jà plus ci ne t'en dirons

Ne ce ne quoi ne o ne on.

„niemals“: R. d. E. 28. Car ja ne l'iert ne jor ne eure

S. d. P. 183. C'onques puis laissier no nous vaut

Ne par froidure ne par chaut.

„nirgends“: R. d. E. 159. En nul païs, ne loing ne près.

do. M. 137, 10.

G. 3594. Los ciel n'a liu, ne près ne loing. G 5214.

S. d. P. 279. Ne troveriés ne haut ne bas. do. G. 95.

G. 727. Il n'ot tant bele, aval n'amont. do. G. 4592.

G. 4426. Jamais, sans li, plain pas n'irai

Ne ci, ne là, ne près, ne loing.

2) Die allgemeinen affirmativen redewendungen „alle“, „jemand“, „überall“:

„alle, jemand“: G. 286. Trestuit, vallet et chevalier.

G. 313. Orent li grant et li petit.

S. d. P. 1258. Et li plus jone et li ainné.

M. 57, 16. S'en ceste court a chevalier

Un seul .... ou vieil u meschin.

M. 127, 13. Et gros et graille et bas et haut.

M. 102, 4. Et tuit li chevalier i sont

Assemblé d'aval et d'amont.

G. 2897. De cels dedens et cels de fors.

„alles, etwas“: R. d. E. 109. Des conteors, ki ont veü

Lor biens, lors mauz, —

S. d. P. 1266. Ou soit de gaaing ou de pierte.

S. d. P. 1310. Ou perderont et cors et ame.

do. S. d. P. 16.

G. 5200. Et cuer et cors. do. S. d. P. 684.

G. 3655. D'uns et d'autres, d'un et d'el.

„überall“: R. d. E. 361. En toz pais, et près et loig.

G. 1467. U près de cest pais, u loing.

S. d'E. 459. Lardé si cras desus la coste
Devant et derriere et encoste.

M. 241, 7. Qui par dovant et par derriere Le fierent.

G. 2866. Partot, et devant et derieres.

G. 4654. Or vait arrere or vait devant.

M. 108, 23. Mes tornez aval ou ça sus
Ou cele estroite ou cele grant.

S. d'E. 570. Et ça et là communement. do. S. d'E. 506.

S. d. P. 269. Dechà et delà, bas et haut.

„immer“: S. d'E. 469. Toz tens et esté et yver. do. S. d. P. 1232.

M. 227, 12. — en autel voie
Est nuit et jour por veoir la.

3) Das allgemeine „alle“, „niemand“ wird einige male
durch gegenüberstellung der masculin- und femininform gewisser pronomina wiedergegeben:

M. 216, 15. Einsi fu mesires Garwains
De tous et toutes serviz.

M. 127, 9. toutes et tuit.

S. d'E. 313. Et tuit et toutes firent joie.

G. 3990. Tuit et totes en font joie.

G. 6091. Ne cist ne ceste n'i venra.

R. d. E. 263. Ke chil ne dient, chele et chil etc.

II. Durch die aufzählung aller, oder der hauptsächlichsten teile eines ganzen wird dasselbe dem geiste anschau-
licher gemacht und hervorgehoben.

Einzelne glieder des menschlichen körpers werden aufgezählt: M. 22, 12. Tant que l'amour le fiert as iex
Et el vis et por tot lo cors.

M. 142, 2. Morent les bouches ne les denz.

M. 179, 1. Couls et espaules, bras et testes.

M. 175, 15. Des braz, des testes et des mains.

S. d'E. 133. De cuer, de cors, de bras, de mains.

Einzelne rüstungs- und waffenstücke werden aufgezählt:

M. 31, 18. Hyaumes et haubercs et escutz.

M. 77, 7. ne hauberc ne hiaume.

G. 5698. Cauces, haubere et elme.

G. 1123. Ne en elme, ne en escu.

M. 72, 19. Que cil qui ist du gué n'avoit
    Frain ne chevestre n'esperon,
    Ne n'avoit verge, ne baston,
    Fors la lance et l'escu adroit. Aehnlich M. 78, 11.

Sehr plastisch wirkt die schilderung G. 357—372, wo der dichter vor unsern augen einen ritter sich ausrüsten und waffnen lässt. (cf: teilung und zusammenzählung, pag. 79.) R. d. E. 325 werden einzelne gattungen der gedichte der menestrels aufgeführt: chançons, notes, viëles et sons.

6. Parenthese.

Die parenthese, eine, mitten in den satz eingeschobene bemerkung, wird von Raoul ebenfalls angewandt, indes selten enthält sie eine wichtige und zum verständnis der betreffenden stelle durchaus notwendige bemerkung: die parenthesen Raouls sind in der mehrzahl nichts als allgemeine beteuerungen der wahrheit, ausrufe oder gleichgiltige, leere redewendungen, an deren häufiger wiederkehr man nur allzuleicht die absicht des dichters, den vers zu füllen, erkennt.

Nur wenige male führt Raoul längere parenthesen, nach denen auch der fallen gelassene faden der satzconstruction wieder aufgenommen wird, ein.

R. d. E. 392. Et li envieus, qui ce voit
    Ke done à toz et lor fait bien,
    Et ilh ne puet faire le sien etc.

    401. Si samble par droite raison.
    Le chien qui chist lez le mulon.

R. d. E. 92. De son cuer, ù honte repose,
    Qui est d'anui feruz en char,
    Ist uns vains mos faintis d'eschar.

S. d. P. 663. Ceste eskiele a uit eskaillons
    (Je ne voel mie que faillons
    Au bien dire n'au bien conter),
    Sur cascun te couvient monter.

S. d. P. 3. Je vous dirai assés briément,
    Se je sai et je puis, coument
    En sonjant fui en paradis.

M. 21, 14. Qu'il fu .C. tantz plus desvoiez,
    Et bien de ce certains soiez,
    D'amours que ses compaings n'estoit.

Von den vielen kürzeren parenthetisch eingeschalteten sätzen seien nur einige beigebracht:

M. 4, 9. Li oeil, si je mentir n'en veuil, Furent douz.

M. 172, 1. Einsi fu Gorveins, com je di,
    Sires et de tout l'ont saisi.

M. 23, 23. Il m'est avis, si com je croi,
    S'ele est dyables etc.

M. 160, 7. Lidoine erre tant, ce me semble
    Qu'ele . . . do. G. 2986.

M. 254, 21. Tout de rechief, si comme il dient,
    Sont compaing.

R. d. E. 631. Atant amurs, ce est la somme,
    Embelist . . . do. S. d'E. 123, ähnlich R. d. E. 66.

Ausserdem S. d. P. 643; 731; 833; 1062. S. d'E. 179; 326; 522. R. d. E. 35; 53; 148; 191 etc.

G. 4240. Ne cuidast pas, si com je cuic,
    Quant il véist les membres fors,
    Qu'il fuissent issu de tel cors.

G. 322. Et li vallès, ce m'est à vis,
    Est alés . . . do. G. 332; 5257; 3090.

G. 3094. En vos ne serroit, je sai bien,
    Francisse.

Andere kurze parenthesen sind unter ausruf oder unter anrede zu finden.

7. Hysterologie.

Die hysterologie oder das hysteron proteron, die versetzung des letzteren zuvorderst und des vorderen zuletzt, findet sich, abgesehen von mehreren ähnlichen beispielen wie: M. 41, 24. Il convient penser et entendre, nur noch:

S. d. P. 1283. De la crois où il fu pendus

Et claufiés et estendus: die glieder des heilandes wurden erst ausgestreckt, dann angeheftet.

G. 2548. Quant mesire Gauvains oï

La gaite qui le jor corna,

Si se vesti et s'esvilla: dem ankleiden ging das erwachen voran.

Hemmung der bewegung durch β) wiederholung.

Die verschiedenen arten der wiederholung des gleichen sind:

1. Anacoluthie.

Die satzconstruction wird in anderer art fortgesetzt, als sie angefangen worden.

Da sich, wie schon erwähnt, bei Raoul nur wenige längere parenthesen finden, wodurch vielleicht der dichter den anfang einer satzconstruction hätte vergessen können, so darf es nicht wunder nehmen, dass die anacoluthie gar selten anzutreffen ist.

R. d. E. 639. Por que tot preu pucent entendre,

Que tels eles puct en lui prendre

Od prouece: hier geht der dichter in demselben satze aus dem plural (tot preu pueent) in den singular (puet en lui) über.

Umgekehrt: S. d'E. 23. Si me herbrejai chiés Envie,

Plesant ostel et bele voie — Eümes.

2. Teilung und Zusammenzählung.

„Wenn (cf. Wackernagel, a. a. o. pag. 422) eine reihe gleichartiger, einander beigeordneter vorstellungen in möglichst übereinstimmender ausdrucksweise stück für stück vorgeführt und ausgeführt und dann zuletzt alle diese einzelheiten noch einmal kurz zusammengefasst und um einen hauptbegriff, der den mittelpunkt bildet, vereinigt werden,“ nennt man dies teilung und zusammenzählung.

Aufzählung aller der mühen und arbeiten, welche man überwinden muss, um die himmelsleiter zu erklimmen:

S. d. P. 777. Veillier, juner, aumoune faire,
　　　　Descaus aler viestir la haire,
　　　　Fuir vanités et huisdives
　　　　Et faire oevres douces et pives,
　　　　Et de tous pechiés abstenir,
　　　　Et el siervice Dieu tenir.
　　　　Tout che te couvient il avoir
　　　　Se tu vieus ouvrer par savoir.

Schönheit und wohlgestalt des menschlichen körpers:

G. 4224. Mais il avoit beles les mains,
　　　　Les puins quarrés et les bras gros
　　　　Et bien garnis de ners et d'os,
　　　　Et fors et durs et desliés.
　　　　Les ceveus blons et deliés;
　　　　La trece ot grosse et blonde et bele,
　　　　Le col plus blanc qu'une pucele,
　　　　Et grant la barbe et fier le vis.
　　　　A .I. sol mot le vos devis
　　　　Qu'il ert de tous membres bien fais;

Vor unsern augen lässt der dichter einen ritter sich waffnen:

G. 357. Kex s'en vait à l'ostel armer,
　　　　Son hauberc a fait aporter;
　　　　Devant lui ot un escuier;
　　　　Mult se painne d'aparillier,
　　　　Que tost ot ses cauces cauchies;
　　　　En poi d'ore les ot lachies;
　　　　Après a le hauberc vestu,
　　　　Puis çaint l'espée, et prent l'escu.
　　　　Quant il ot le hialme lacié,
　　　　Ceval a bien aparillié;
　　　　En la place fu amenés;
　　　　Li senescals i est montés,
　　　　L'escu au col, la grince al puing;
　　　　Ses elmes avoit mult cuing

A .I. chercle d'or esmeré.

Bel chevalier i ot armé: alle die einzelheiten, welche zur rüstung gehören, werden zuletzt zusammengefasst in die worte: bel chevalier i ot armé.

Die weiteren mittel, den strom der rede durch wiederholung zu hemmen, teilt Wackernagel (a. a. o. pag. 424) ein in zwei classen: entweder kehrt ganz dasselbe wort wieder in derselben bedeutung und in derselben grammatischen form, oder in verschiedenen grammatischen formen und somit auch in mehr oder weniger verschiedener bedeutung. Zu der I. classe gehören anaphora, epiphora, epanalepsis, anadiplosis, epanodos und epizeuxis, zur II. das polyptoton, die annomination, der reim und die allitteration.

4. Anaphora.

Mehrere aufeinanderfolgende sätze oder satzglieder beginnen mit demselben worte, mit derselben wendung. Der dichter bedient sich der anaphora mit vorliebe da, wo es gilt, eine längere schilderung oder erzählung lebhaft zu machen.

a) Wiederholung in demselben verse:

S. d. P. 691. En tel maniere et en tel point

S. d. P. 184. Ne par froidure ne par chaut,

S. d. P. 194. Mout à mangier et mout à boire.

R. d. E. 296. No por haut pris, ne por biauté

S. d'E. 245. Par grant joie et pár grant solas.

Ausserdem S. d. P. 186; S. d'E. 249; R. d. E. 32; 154; 171.

S. d'E. 121. Or est mainsnez, or est du mains

G. 2380. Mult fu dolans, mult fu iriés.

G. 170. Ne por force ne por pooir.

G. 3337. Ne nus ne l'vit ne nus ne l'sot.

G. 3347. Maint cop donné, maint pis fendu.

G. 3569. A vos me doing, à vos me rent.

G. 3620. Tos jor ala, tos jors esprist.

Ausserdem G. 1123; 4652; 4654.

Pronomina im selben verse wiederholt: G. 1833; 3349; 4144. R. d. E. 207; 371; 511.

b) Wiederholung am anfang mehrerer verse, sowie am anfang und im innern mehrerer verse gleichzeitig.

In „Gauvain" werden gern pronomina anaphorisch wiederholt.

G. 3291. Cil est navrés, cil est ocis,
Et cil remonte et cil est pris,
Cil est à pié, cil à cheval,
Cil est quassiés, cil n'a nul mal;
Cil le fait bien, cil le fait mius.

G. 1816—21 wird 11 mal cil wiederholt.
G. 1842—44 „ 5 „ cil „
G. 1858—60 „ 5 „ cil „
G. 1868—70 „ 6 „ cil „
G. 4146—51 „ 6 „ cil „
G. 4338—40 „ 3 „ cascuns „

Eine ähnliche wiederholung von pronominibus findet sich in den übrigen werken nur noch:

R. d. E. 372. Chis emporta à Paskes robe,
Chis .XXX. sous, chis autres .XX.

R. d. E, 343. Queis est la tece? C'est envie:
Cele qui del pior s'envie,
Cele qui toz les maus sostient.
Cele dont vilonie avient A chiaus ki etc.

R. d. E. 464. Quel escu devroit il avoir?
Quel escu?

R. d. E. 556. De quoi amurs ressemble vin.
De quoi?

M. 30, 24. Ne sai li quex ferist avant,
Ne li quex plus, ne li quex mains.

S. d. P. 727. Que d'autrui bien soies à aise
Et d'autrui mal aies mesaise.

Die längste anaphora findet sich M. 208, 6—20, wo in 15 zeilen 29 mal „c'est" wiederholt wird: Meraugis, voll

liebe zu seiner dame Lidoine, schildert dieselbe als sein ein
und alles: M. 208, 6. — — car c'est m'amie
C'est mes deduitz, c'est mes depors etc. bis 208, 20.
Substantiva werden am anfang verschiedener verse wiederholt. Diese anaphern wirken sehr nachdrücklich und
concentrieren die aufmerksamkeit voll und ganz auf den angedeuteten gedanken.
M. 44, 4. Biauté qu'est ce? Ce est uns dis,
Uns nons qui vient par aventiure.
Biauté s'en vet com embleüre.
Biauté vient, car or fust mielz
Biauté, si fiert la gent es ielz.
Biauté, qu'est ce qu'en est issi?
M. 171, 7—16 wird „Largesce" 7 mal wiederholt.
S. d'E. 122. Doners n'ose moustrer ses mains
Doners languist, ce est la somme.
James Doners chiés nul haut homme etc.
R. d. E. 588—94 wird „Rose" 5 mal wiederholt.
G. 3774—6 wird der eigenname „Ydain" 4 mal anaphorisch
wiederholt.
Das verb in der anaphora:
M. 22, 10. Or l'aime plus qu'il ne l'amot
Or l'aime et charge miex et miex.
M. 130, 23. Que doit que cist n'ocist cestui?
Que doit, ce puet savoir .I. fous.
M. 181, 21. Là fu li miex de son avoir,
Là fu sa femme et sa maisnie.
M. 218, 11. Tu es vaincuz, tu es noienz,
Tu es li pire de çaienz.
G. 1212. Or me dites, fait dont Gauvains
Por quel raison avés tranchiés . . . .
Or me dites, por quel raison Ete.
G. 3621—31 wird 12 mal or l'aime wiederholt.
Schliesslich seien noch einige vereinzelte, kleinere beispiele von anaphora erwähnt:

M. 42, 9. Et par tant doit estre s'amie
Et par tant claime le sourplus.
M. 7, 17.—20 wird 4 mal mult wiederholt.
R. d. E. 260—1 wird 2 mal ne tant wiederholt.
R. d. E. 642—3 „ 2 „ dignes „
S. d. P. 200- 1 „ 2 „ onques „
S. d. P. 336 —43 „ 7 „ et „
S. d. P. 86—90 „ 4 „ et „

5. Epiphora.

Die epiphora ist das reine gegenteil der anaphora, wir
verstehen darunter die wiederkehr desselben wortes, derselben
wendung zum schlusse eines verses. Auch der gleiche reim
ohne bedeutungsunterschied ist demnach eine epiphora zu
nennen.

a) In ihrer reinen gestalt findet sich die epiphora bei
Raoul nicht ausgeprägt, nur schwache ansätze dazu zeigen
sich, wie: S. d. P. 1187. De bien esperanche n'i a,
De mal desperanche i a.

b) Die gleichen reime ohne bedeutungsunterschied des
reimwortes sind noch einiger massen von rhetorischem nach-
druck für das wiederholte wort.

Von den 4752 versen des romanes „Meraugis" sind
26 verspaare gleich gereimt, im Gauvain von derselben anzahl von versen nur 15 verspaare.

Die gleichen reime mit bedeutungsunterschied und die
reime mit verschiedener flexion des wortstammes zu betrachten, würde über die grenzen einer stilistischen untersuchung
hinausführen; ich verweise dazu auf die eingehende behandlung, welche der reim in Zingerle's untersuchung (a. a. o.
p. 11 und 44) erfahren hat.

6. Epanalepsis.

Die epanalepsis bildet gleichsam eine vereinigung zwischen anaphora und epiphora, indem bei ihr a) der anfang
des einen verses am ende des andern oder b) desselben
verses widerholt wird.

a) Wiederholung desselben wortes am anfang des einen
und am ende des andern verses:

M. 41, 9. Coment sera ce departi?
Ne sai, ne nuls ne sait coment.

G. 4849. Ne croi pas ce que te dira:
Par maintes fois te mentira
Se tu le crois; ne le crois pas.

b) Bei der wiederholung desselben wortes am anfang
und ende desselben verses hat das wiederholte wort meist
einen flexivischen wandel erlitten.

M. 148, 5. Meraugis qui ne dormi pas
Leva matin, tuit sont levé.

M. 240, 18. Mesire Gaweins touz premiers
Les voit et Meraugis les vist. do. M. 89, 15; 241, 20.

G. 1596. Oés vos ço que j'ai oï?

G. 5072. L'encontra et en l'encontrer . . .

G. 5920. Ne sait nus, ne ne l'pot savoir.

do. G. 529; 2049; 3765; 4616.

7. Anadiplosis.

Die anadiplosis ist die wiederholung des letzten wortes
oder der letzten silbe zu anfang eines neuen satzes; sie
findet sich a) in ruhiger rede und b) im zwiegespräch vor.

a) Anadiplosis in ruhiger rede:

M. 2, 12. Mes tant com cist siecles durra
Durra cist contes en grant pris.

M. 51, 15. Que mult auroit ailleurs mescine,
Mescine certes s'auroit mon.

M. 53, 23. Une grant piece s'en garda
Qu'onques vers lui ne regarda,
Garda, voire. do. M. 55, 13; 252, 7; 204, 22.

R. d. E. 571. Del cuer, ke point n'en i remaint
Si ke l'amurs ki el cuer maint,
Remaint et pure et nete et fine.

G. 4184. Et messire Gauvains penssa,
Pensa, voir je l' sai de voir.

G. 4616. Or ment li rois et j'ai menti!

Menti ai je. do. G. 5986; 2929; 4588; 4600.

b) In der wechselrede und im selbstgespräch entsteht die anadiplosis meist dadurch, dass der angeredete ein schlusswort des redenden aufgreift und an die spitze seiner erwiderung stellt. Dieses aufgegriffene wort wird entweder α) einfach an die spitze der entgegnungsrede gestellt oder es wird β) in die form einer frage eingekleidet.

α) M. 68, 2. Or cuidai je faire mult bien.

— Mult bien, jà si avez vous fait.

M. 210, 2. Dist li chevaliers, garis sui.

— Garis, fet ele, ce n'iert hui Que etc.

M. 244, 1. De lui veoir, se je nel voi
Orendroit. — Orendroit, par foi.

M. 24, 2. — Non doit. — Si doit, ce m'est avis.

G. 4720. Dont vos gardés, je vos desfi!

— Desfiés! par foi et je vos.

G. 3533. J'ai non Gauvains. — Gauvains! fait cil.

β) M. 18, 24. Set ele que l'ait! Parfoi, non. Coment non?

M. 127, 22. Que s'oïe en devint veüe.

Devint, coment dont, n'ot el goute?

M. 207, 22. Mus et dolens qui mult se plaint.

Se plaint, de quoi, de ses dolours?

R. d. E. 396. Cant ilh n'i part, et ke li grieve,
Grieve?

Auch im lebhaften zwiegespräch wird das zu betonende wort gern vom angeredeten in form einer frage wieder aufgenommen:

M. 24, 23. Por quoi l'amez? — Por sa biauté!

— Por sa biauté?

M. 80, 8. A vostre eus. — A mon eus, por quoi?

G. 3586. — Sire j'ai non Ydain, por voir.

— Ydain?

G. 4664. — Sire, oïl, voir, li cien sont nostre.

— Nostre? — Voire.

G. 4768. Comment jà l'avés espondu?

— Espondu? sire, non ai voir.

8. Epanodos.

Bei der epanodos oder dem chiasmus kehrt sich die wortfolge bei der wiederholung um.

M. 29, 15. Mes onques fin n'i porent metre

Cil qui n'i porent metre fin.

M. 69, 17. Ele por nous et nous por li. do. M. 215, 14; 227, 23.

M. 89, 3. — — Coment vient il?

Il vient aïrez comme cil etc.

M. 241, 16. Parmi leur gent si qu'il les partent

Par force et par force s'en partent Si qu'il ....

R. d. E. 53. Ne conoissent (si est grans dues),

Aus ne lor non, ne tor nons eus.

R. d. E. 211. Ke chascuns asavort son don.

De quel savour, par quel raison

Puet on son don asavorer?

S. d. P. 1168 Qui jamais fin ne prendera.

S'eles peuïssent prendre fin etc.

G. 2168. Mult par sentoient bonne odor

Li cors saint qui dedens estoient.

Cil qui erent dedens sentoient

La bonne odor qui lor plaissoit.

G. 3656. Qu'il sont venu à lor ostel.

Quant à l'ostel furent venu.

G. 4616. Or ment li rois et j'ai menti!

Menti ai je, ma foi, c'est mon.

G. 5922. Ains est .I. fais qui va et vient:

Or vient or vait, or s'entrevait.

9. Epizeuxis.

Bei der epizeuxis — der unter allen am häufigsten vorkommenden figur der wortwiederholung — wird dasselbe wort an beliebigen stellen des verses wiederholt. Da diese unmittelbare wiederholung den fluss der sprache merklich hemmt, und die sprache dadurch ein gewisses pathos erhält,

so wird die epizeuxis gern und mit erfolg in der anrede
und im ausrufe angewandt:

M. 167, 1. Avice, Avice, or est en vous

M. 72, 13. Qui va criant: „Ohé, ohé!“

M. 179, 12. A ses parens: „Montez, montez!“ do. G. 2633.

M. 227, 17. — Oez, oez.

M. 221, 16. J'irai au siége. — Et gié. — Et gié.

M. 130, 7. En l'isle et tant fier tu, fier gié.

S. d. P. 173. Vassal, vassal, fuyés de chi.

G. 5632. Sire, sire! soufrés, soufrés. do. G. 4282; 4293.

G. 1189. Crie „por Diu! merci! merci!

G. 2596. Et crie: „Je muer! Je muer!“

G. 4120. „Kex, dist li rois, alés. alés. do. G. 4502.

G. 3394. Frans chevaliers, lai là! lai là!

G. 3530. Lors li escrie: „Esta! esta! do. G. 3909; 4503; 837.

G. 4777. Errés, errés, je vos croi bien.

G. 4758. „Ydain, fait il, oï, oï.

G. 4177. Amés, amés, car je n'aim mie.

G. 1676. U est, ù est vo conpaignie?

Neben diesen beispielen reiner epizeuxis bleiben noch
die fälle zu betrachten, wo zwei gleiche wörter, nur durch
partikeln getrennt, auftreten:

G. 4440. S'il ert tot cuers de boce en boce.

G. 2297. Bouce à bouce et vis à vis.

M. 192, 12. Recommencent de chaut en chaut.

S. d. P. 317. Et me vie de chief en chief. do. M. 43, 2.

G. 625. De cief en cief. do. G. 4317; 6159.

G. 5661. A la bataille cors à cors. do. M. 250, 9.

M. 31, 4. Tot coup à coup. do. M. 192, 3.

M. 125, 5. Qu'il conseilloient dui à dui. do. G. 3684.

S. d'E. 218. Et ses filz o li lés à lez.

G. 5684. S'en vont ensanble mains à mains.

S. d. P. 735. Mal pour mal.

M. 22, 11. Or l'aime et charge miex et miex.

G. 3322. Ains le porfent tot outre en outre. do. G. 3268.

G. 896. Si nos conbatrons per à per. do. G. 930,

M. 130, 6. Chevalier qui sont pié à pié.

M. 22, 9. Et plus et plus à chascun mot. do. G. 4105.

M. 141, 1. près à près. do. G. 3372; 3492; 3936; 4003.

R. d. E. 192. Jue del sien à tot por tot.

G. 6157. De tot en tot la verité.

M. 194, 23. Tout contre tout.

Bei der II. hauptabteilung der wortwiederholung kehrt dasselbe wort mit wechselnder form und demgemäss auch mit mehr oder weniger veränderter bedeutung wieder.

II. Polyptoton.

Das wiederholt gebrauchte wort zeigt verschiedene declinations- oder conjugationsformen.

a) Dasselbe wort in verschiedenen declinationsformen:

M. 211, 4. Il ne lui faut fort la maçue
A sembler fol le plus à droit
Du mond. Fox est il orendroit.
Porquoi? Je di que que nus die,
Que cil est fox qui fet folie.
Dont est il fox quent en tel point
Ne veult il pas que Diex lui doint
Sens de sa folie haïr;
Ainz lui plest tant son fol desir
De lui veoir qu'il en cuide estre
Garis; de ce a il fol mestre.

M. 81, 10. Li quex a tort, après requiert
Le tort por faire la bataille.
— Por quoi? — Il vielt que li tortz aille
Devant le droit par son outrage;
Et s'il cuidoit avoir droit gage
James à son jour ne vendroit;
Ainz vielt en tort muer le droit.
Voire; touz jours mult par est tortz
Et si est droitz, dont n'est ce tortz.

Oïl, ce n'est reson ne droitz
Qu'uns homs puisse estre et tortz et droitz.
M. 251, 8—10 joie; S. d'E. 545—46 droit und tort; R. d. E.
37—43 non; R. d. E. 185—187 largece; R. d. E. 212—15
savor; R. d. E. 320—22 joie; R. d. E. 619—22 tcches;
R. d. E. 501—504 amurs; G. 4261—4 don;
G. 4261. A home qui don vos demant,
>   Sans vos nonmes le don avant:
>   Vos requiert qu'un don me doigniés.
>   Cis dons ne puet estre esloigniés.
G. 5094—6001 dol; G. 6011—13 joie.

b) Dasselbe wort in verschiedenen conjugationsformen:
Diese art von polyptoton ist in allen werken Raouls
reich vertreten.

M. 22, 10. Or l'aime plus qu'il ne l'amot.
M. 217, 1. Li rois s'asist, tuit sont assis.
S. d. P. 805. Tans de couchier, si nos cocames.
S. d. P. 1349. Chil qu'as montegnes cricront
>   Et en criant leur prieront.
M. 20, 3. Je lui vois dire; non ferai.
>   Si ferai voir; je lui dirai Deus mots.
M. 19, 4. Se je orendroit ne lui di.
>   Or lui puis dire, vez la ci.
>   Quoi lui dirai je? do. M. 24, 18; 211, 7.
R. d. E. 183. Cestui donrai, car il me donne. do. R. d E. 239.
R. d. E. 216. Emplir en puet son ventre tot,
>   Mais ja tant n'emplira la panee.
R. d. E. 448. Sel quident estre, mais ne sont
>   Mais ja ne le seront par droit.
M. 1425. Tu m'as ferru, je te ferré.
S. d'E. 569. Mult les loa: tuit les looient.
M. 216, 21. — li rois lava. Tuit sont lavé.
M. 236, 16. Que l'on le mcte, on le metra.
R. d. E. 450. Car nus lechieres ne poroit,
>   Por nule riens qui peüst estre . . . .

M. 214, 6. Si pasme et pasme et repasma.

M. 89, 15. Sel prent, et dist, quant il l'ot pris.

R. d. E. 653. Puet rendre si bel guerredon,
K'une tece rent un prendon.

S. d'E. 268. Je li resail, il me resaut.

S. d'E. 255. Et je sus hauce et il retrait
Je li retrai d'un autre trait.

R. d. E. 1. Tant me sui de dire teüz
Ke bien me sui aperceüz
Qui trop se taist, ke de trop taire Etc.

M. 219, 10. Li lais la tient et la tendra.

G. 5055. En l'isle, tant qu' il adouba. A l'adouber etc.

G. 2049. Que j'am et ne suis pas amée. do. G. 2000; 2047.

G. 3588. Avés ami? — Sire, je non
N'onques n'en oi, ne ja n'anrai. do. G. 3474.

G. 4011. Quant vos l'amés, je l'amerai.
— „Sire, je l'aim et servirai
Tos cels qui por moi l'ameront.

G. 4177. Amis, amés, car je n'aim mie.

G. 2544. Tant qu'il fu cure de coucier
Ont monsignor Gauvain coucié
Tuit sont coucié. do. G. 6042.

G. 5792. Mais recréans ne sui je pas,
N'onques ne fui, ne ne vuel estre.

G. 345. Si l'en ai .I. grant cop feru
Fiert et refiert, bien l'a batu.

G. 3877. S'ele revient, je revenrai.

G. 4250. Le roi salue et salua.

G. 5925. Ne sait nus, ne ne l'puet savoir.

G. 3959. Car cil s'en vet et cil s'en vont.

G. 6090. Aveuc moi ne venrés vos mie
Ne cist ne ceste n'i venra.

Ausserdem M. 69, 15; 73, 6; 86, 1; 131. 23; 183, 6; 204, 19;
212, 16; 216, 2, 16; 221, 13; 250, 2.

S. d. P. 41(); 448; S. d'E. 389; R. d. E. 58; 548; G. 117;
124; 280; 556; 976; 2047; 2214; 4851.

12. Annominatio.

„Bei der annominatio geht der wechsel der form weiter,
es tritt ein anderes, von der gleichen wurzel oder dem gleichen stammm gebildetes wort ein." (Wackernagel, a. a. o.
pag. 428.) Mit der annomination ist in den meisten fällen
die allitteration verbunden.

M. 26, 12. J'aim la dame que vous amez
D'autre amour. do. M. 26, 14; 173, 8; 205, 3.
G. 5237. L'aime d'amors. do. G. 2387.
G. 783. De toutes ses armes armés. do. G. 529; 5705.
M. 196, 8. Des bras se sont entrembraciez
G. 131. — — Rice çainture avoit Cainte li mors.
G. 5719. Caucies ses cauces de fer.
G. 1544. Si ont oï .I. cor corner.
R. d. E. 656. De ce conte conter. do. S. d'E. 42; G. 2768.
R. d. E. 310. Ne fist onques bial chant chanter.
M. 234, 18. Meraugis, je vous doing le don. do. M. 69, 25;
R. d. E. 239; 353; 380. G. 215; 220; 3787; 4263; 4428.
S. d'E. 651. Dont je cuit encore biaus dis Dire.
M. 2, 15. Qui fist les faitz que je racont. do. S. d'E. 618.
M. 197, 12. Par force et tant s'est efforciez.
M. 41, 2. Du jugement que ci jugiez
G. 4714. Dans chevaliers, je ne ju mès A ju parti.
G. 1256. Onques n'i ot jouste jostée. do. G. 1298.
M. 194, 1. Seul du non dont tu es nomez.
M. 215, 12. Si sont leur amours à droit neu Noées.
S. d'E. 644. Le plus vil pechié dont il peche.
M. 122, 21. Qu'on cornast prise sans rien prendre.
R. d. E. 212. De quel savour . . . .
Puet en son don asavorer?
S. d'E. 4. Qu'en sonjant un songe.
G. 5177. I sejornoient à sejor.

R. d. E. 619. Les teches dont il est techiés.

R. d. E. 531. Li saut uns vens ki tous jours vente.

II. Lebendigkeit betreffs der Gestalt der einzelnen Worte.

Hierher gehören der reim und die alliteration. „In diesen zweierlei mitteln zur beförderung des wohllauts wirken beide, das streben nach bewegung durch wechsel und das streben nach beruhigung durch wiederholung, oder mit anderen worten, das streben nach mannigfaltigkeit und das nach einheit zusammen: die allitteration besteht in einer wiederholung des anfangslautes, dabei ist aber auch gleich wieder eine abwechslung: es sind nämlich nur die anfangslaute gleich, das übrige ist verschieden; beim reime ist es gerade umgekehrt: hier sind die anfangslaute verschieden, alles übrige gleich" (cf. Wackernagel, a. a. o. pag. 437 ff.).

Die gedichte Raouls sind, wie alle aus jener zeit, durchaus gereimt; dass auch bei Raoul der reim das wesentlichste merkmal aller dichtung ist, erkennt man daraus, dass bei ihm, M. 1, 1., rimoier, das blosse „reimen", gleichbedeutend ist mit „verse machen, dichten."[1]

Eine genauere betrachtung der reime unterlasse ich, wie schon pag. 83 bemerkt, indem ich auf Zingerle's untersuchung verweise und beschränke mich an dieser stelle auf die betrachtung der allitteration bei Raoul.

Allitteration.

Ausser den, schon oben erwähnten allitterierenden versen (cf. annomination, verbunden mit allitteration, pag. 91 ff.) sind noch die folgenden beispiele oft auffallender allitteration zu beachten:

S. d'E. 590. Bedel beté bien cuit en paste.

M. 30, 17. Chevals et chevaliers ensemble. do. M. 253, 9; 73. 23; G. 3215.

M. 81, 22. — mes li cuers li cloche el cors.

---

[1] cf. F. Wolf. „Über die lais, sequenzen und leiche." Heidelberg 1841. pag. 162.

S. d. P. 684. Et cuer et cors trestout aoevre.

M. 69, 25. Et dist: „Dames, un don vous doing.

R. d. E. 468. A dire diverse devise.

M. 30, 9. Se font ferir de fier esles
Si qu'il en font froissier les es.

G. 1128. Que fu et flame en font salir.

R. d. E. 320. Joie, mes toz jours joie amer.

G. 3471. — Laissiés le li.

S. d. P. 735. Mal pour mal à la male gent.

M. 122, 4. Si je ne pers par mescheance
Jà por proesce ne perdrons.

M. 225, 17. C'est la paour dont il sont plain,
Qu'il ont par lui le port perdu.

G. 2736. Por vos ne per je pas mon pris.

G. 751. Qu'il le peust prendre à plain puing.

à plain poing M. 6, 16; 63, 22; à plain puing G. 751; 865.
plain pié M. 182, 23; 185, 13; plain pas G. 4426.

M. 122, 7. Soiez toute seüre, alors.
— Si sui je, sire,

M. 41, 8. Est tout un, quant tout tient en lui.

M. 81, 24. Si torte que de son tort tue Le droit

R. d. E. 3. Qui trop se taist, ke de trop taire . . .

III. Rhetorische Hilfsmittel, beruhend auf einer äusseren Umgestaltung des Ausdrucks.

1. Ausruf.

Die rhetorische interjection, entwickelt zur — häufig unvollständigen — satzform.

Der ausruf verleiht dem stil eines dichters ganz besondere frische und lebendigkeit und bietet, als unmittelbarer ausdruck der affecte und gefühle, manchen anhalt zur bestimmung der individualität des dichters; aus der gewandten anwendung dieses rhetorischen hilfsmittels erkennt man, dass der dichter bei der behandlung seines stoffes in den einzelnen situationen selbst warm mitfühlte.

Am häufigsten erscheint der ausruf verbunden mit einer anrufung Gottes.

Zunächst citiere ich die interjectionen einfachster art: „Ha!" M. 68, 18; 111, 15; G. 1196. Avoi G. 1930; 5336. Hé Diex! M. 52, 12; 117, 12; 141, 2. E, Dieus! S. d. P. 1344. E Dius G. 1716; Hé Dius G. 5016. Lasse G. 2050. Hélas!,S. d. P. 1148. Der um gnade flehende ruft merci! merci! G. 1189; 335; 1197; 1438; 1445; 1471.

Wenn es gilt, eine aussage zu beteuern, schwört der dichter bei allem, was ihm teuer ist: bei edlen teilen seines körpers, selbst bei Gott und heiligen personen.

Schwur bei edlen körperteilen und der seele: par mon chief. M. 7, 9; 41, 17; 86, 8; 224, 4, G. 3476; 3582. par mes ielz. M. 86, 4. par mon cors et par m'ame. G. 3882. par m'ame. M. 70, 23; 143, 23. sor ma loiauté M. 26, 20.

Einmal lässt der dichter einen ritter bei seiner dame schwören: Par ma dame, que j'aim. M. 65, 15.

Die gewöhnlichen beteuerungen sind: par foi! M. 18, 24; 21, 5; 133, 1; R. d. E. 659; 38. G. 2992. 4305; 3450; 3465; 3480; 4892; 4899; 4942; 5360; 6002. par verité M. 24, 23; R. d. E. 26; S. d. P. 916; 1189; 1195. G. 6022. Voire, por voir. M. 18, 21; 20, 4; 21, 19; 18, 8; 20, 6; 199, 24. etc. R. d. E. 643. por voir. G. 3586; 3587; 4895. Schwüre bei Gott und Göttlichem: par Dieu M. 138, 17; por Diu G. 353; 652; 1189; 1197; 1445; 3861; 5670. par celui qui Dieus a non. M. 64, 14. ce voue à Dieu. M. 189, 23. por Diu merci. M. 165, 17. G. 4055. por l'amor Diu G. 4831. G. 1918. por la pité Diu. G. 2042.

Pour Jhesucrist, le fil Marie. S. d. P. 861.

pour Jhesucrist. S. d. P. 1358.

— por Sainte Marie. G. 1454.

Par saint Denyse. M. 116, 17. M. 245, 12.

S. d'E. 185. Ainz vous di, foi que je doi saint Piere Que etc.

Diesem ähnlich heisst es wiederholt: jurer sour saintz M. 82, 23; 83, 4; S. d'E. 185.

Die beteuerungen bei Gott werden gern in einen conditionalsatz eingekleidet:

si Diex m'aïst. M. 47, 1; 47, 5; 132, 7.

si m'ait Dius. G. 3486; 4046; 4736; 4748; 6154.

se Dius m'avant G. 5380.

se Dieus me beneïe M. 132, 9; 228, 16.

si Diex me gart M. 34, 13. si Diex me garde G. 4054.

si Dius me haut G. 2401.

se Diu plaist G. 60; 697; 3067.

si Diex me saut M. 46, 7; R. d. E. 165,

weiter ausgeführt ist G. 5426. Se Dius me doinst benéiçon.

Gott wird um beistand angerufen

a) zur erfüllung eines wunsches:

Diex te saut. M. 217, 12.   Diex vos saut! G. 4253; 4999.

Dius vos en oie. G. 5348.

Diex me doint ce que je demanc. M. 229, 16.

Or doigne Dius qu'il s'en retort. G. 724.

Dius vos doinst honor! G. 2031.

Icius Dius que Longis navra

Te doist joie et honnor t'envoit. G. 5816.

Sire, Dius vos i ramaint tel

C'onnors vos soit et à moi joie. G. 5346.

Dius nous en doinst victoiré. S. d. P. 1134.

Apres orrez de Paradis;

Dieus nous i maint et noz amis! S. d'E. 681; S. d. P. 460: 1120.

Sens nous en avoit Dieus li pere! S. d. P. 505.

Dieus le m'otroit par sa pité. S. d. P. 1034.

b) zur abwehr einer gefürchteten sache:
Ci fine li Songes d'Enfer:
Dieus m'en gart esté et yver! S. d'E. 679.
Dius vos gart de tos mals. G. 2026; 5000.
Dieus toz preudomes en defende. R. d. E. 486; S. d. P. 1047; 1252.
Jà Dieu ne place. M. 25, 23.
Allgemeine wunschformeln sind:
à Dié vous comant. M. 20, 4; 66, 10.
A Diu soiés vos commandés. G. 10; 3896.
Verwünschungen:
Jà Diex à nul bien ne m'avant,
Se je volontiers n'i metoie Conseil. M. 26, 2.
Ja, dame Dius jor ne m'aït,
Se ja par moi vos est rendus. G. 2812.
Diex le maudie. M. 91, 5.
Honis soit il. M. 221, 14.
Va, au diable te comanc. M. 93, 25.
Dehé ait qui retornera. G. 698; 808; 978; 5312; 5778.
Maudehet qui s'en entremet. G. 3485.
Dame Dius les confonde! G. 4619.

2. Anrede.

Hierbei ist zu unterscheiden:
1) die anrede an Gott, 2) die anrede an die abstracta,
3) die anrede des dichters an sich, 4) die anrede des dichters an seine hörer.

1) Die anrede an Gott ist besonders im Meraugis zu
finden:
M. 137, 18. Diex, que ferai! do. M. 213, 19.
G. 4903. Dius! que ferai?
G. 5367. Dius, ù irai?
M. 149, 10. Diex, car m'en conseilles!
M. 214, 17. Diex, gardez m'en.
M. 199, 19. — — Diex, qui estoit
Cil qui fu tant bons chevaliers?
M. 187, 24. Diex, que vesi je? Où ai esté? do. M. 212, 10.

97

M. 185, 6. — — Diex, dont vien gié?
Sui enchantez ou ai songié?
M. 186, 22. Diex, où est il?
M. 151, 22. Diex, as tu riens en ton hostel
Dont tu conforter me peüsses?
Nenil. Si as, Diex, bien deüsses
A ceste foiz avoir merci
De mon torment!

2) Was die anrede an abstracta betrifft, so sind die wenigen beispiele einer anrede an abstracte begriffe, wie tod (G. 2597.) und kampf (M. 192, 19.) bereits unter personification erwähnt.

3) Die letzten der eben angeführten beispiele sind selbstgesprächen entnommen; da nun Mr. Michelant in seiner einleitung zum Meraugis, pag. XV., meint, in den liebesmonologen eine „frappante analogie" zwischen den beiden romanen „Meraugis" und „Gauvain" gefunden zu haben, so sei es mir an dieser stelle gestattet, auch der selbstgespräche zu gedenken.

Die monologe der verschiedenen dichtungen sind in der that wohl geeignet, schlüsse auf die individuellen eigenheiten eines dichters ziehen zu lassen: die lebhaftigkeit eines gedichtes kann durch gewandte einführung von monologen gar oft bis zur dramatischen lebendigkeit gesteigert werden. So im romane „Meraugis", welcher, reich geschmückt mit selbstgesprächen, verbunden mit frage und antwort, genügend die dichterische gewandtheit des trouvère Raoul de Houdenc bezeugt.

Die nachfolgenden beispiele sollen dies bestätigen:

M. 18, 18. Et dist: „Qu'est mes cuers devenuz
Qu'ainsi s'envole et çà et là?
Je croi cele pucele l'a.
Voire, por voir, il m'est emblez;
Mult par est mes cuers assamblez

7

A biau cors et de grant renon.
Set ele que l'ait? Par foi, non.
Coment non? Si nel cuide avoir etc.

M. 19, 6. „Quoi lui dirai je? Qu'ele m'aint etc.
20, 7. Mes je me pens, se je lui di
Com je l'aim et por lui mendi
A grant folie le tendroit.
Por quoi? que point ne m'en croroit.
Certes, non devroit ele faire.

M. 117, 10. Et dit: „Or sai qu'à fol me tient
Cele qui ci m'a fait venir.
He Diex! que porrai devenir!
Je voiz la croiz, et qu'en dirai!
Qui me conseillera? Ne sai.“

M. 147, 1. Qu'est ce? fet il, je ne sai mie
Que j'ai fait, ne où est m'amie.
Ne sai; et l'ai je donc perdue?
Oïl.“

M. 187, 24. „Diex, que veoi je? Où ai esté?
Où, el chastel où j'ai chanté
A la tresche etc. bis 188, 6.“

M. 208, 21. „Verrai la je? Nanil. Porquoi?
Qu'ai je forfet? Ja la verroit
Uns autres et je qui claim droit
En lui, ne verrai pas m'amie.
C'est tort.“

M. 212, 10. „Diex, que voi je? Est ce Meraugis?
C'est il, c'est mon, cest mes amis.
Diex, dont vient il?“

M. 185, 6. — — Diex, dont vien gié?
Sui enchantez ou ai songié?
Ne sai, par foi, mes j'oi merveilles,
Quant j'oi chanter à mes oreilles
Le roussignol: oci, oci.
Et orendroit, quant je fu ci,

Erent les noifs par cest païs
Plain pié d'espais; etc.

185, 19. Por quoi ne chanteroit il donques?
N'est il estez? Nanil, par foi.
Quoi donc, yvers? Yvers, porquoi
L'erbe si verd? Est il esté
Non est; etc.

186, 3. Ne sui je Meraugis? Oïl
Si sui je; etc. 186, 25.

Andere monologe mit frage und antwort finden sich:
M. 69, 19—22; 158, 8—15; 151, 25—152, 18; 165, 4—14;
227, 14—17; 227, 22—228, 1.

Einfacher, aber dennoch wirksam sind die monologe:
M. 17, 14—24; 68, 15—17; 70, 20—22; 140, 25—141, 4;
156, 22—23; 169, 8—11; 186, 8—10; 189, 3—7; 213, 1—2.

Zusammen hat also der roman „Meraugis" 22 mehr oder
minder lange und lebhafte monologe aufzuweisen. Was die
selbstgespräche im „Gauvain" anbelangt, so muss es zunächst
befremden, dass sich in den ersten 4500 versen nur zwei
beispiele, welche ausserdem im verhältnis zu denen im
Meraugis, schwach zu nennen sind, finden; es sind die beiden
selbstgespräche:

G. 137. „Dius m'a aventiure envoié
Dont ma cors ert joians et lié;
Et j'en sui liés; si doi je estre.

G. 964. Il se porpense: „Se j'oci
Mon cheval et je suis à pié,
Le tout m'aura cil ensignié.
Or ne sai je le quel coisir etc. bis 981.

Der erste lebendigere, durch frage und antwort belebte
monolog beginnt mit vers 4582.

G. 4582. „Nus hom, fait il, ne m'en kerroit,
Que ferai, fait il, que ferai?
U irai je? Par foi! ne sai.

7*

Taurai li je? taurai? nonal.

On me tenroit por desloial etc.

4590. Dius! que ferai? que devenra

Le plus desconsilliés del mont?

Ne sus, ne jus, n'aval, n'amont,"

Ne voi aïde, ne secors! etc. bis 4619.

ferner G. 4891--99; 4903—10; 5367—69; 5423—31.

Monologe einfacher art: G. 4623—39; 4942—45; 5310—
17; 5360—64; 5560—61.

Im „Gauvain" finden sich also nur 12 monologe, obwohl
dieser roman bei weitem mehr verse zählt als „Meraugis"
(Gauvain zählt 6176, Meraugis 4752 verse.)

4) Ich wende mich nunmehr zur betrachtung der anrede
des dichters an seine hörer: gleich wie ein redner seine
zuhörer ab und zu aufmunternd anredet, oder sie durch
eingeflochtene fragen anregt, so bedient sich auch Raoul oft
und erfolgreich dieses rhetorischen hilfsmittels:

M. 3, 1. Seignor, au temps le roi Artu

Qui tant. estoit de grant vertu Ot etc.

R. d. E. 135. Avoi, signur, ke ke nus die ....

S. d. P. 1. Or escoutés, seignor, un songe.

G. 4645. Signor, ne vos esmervelliés,

Or i pensés, se l'consilliés.

oder M. 140, 1. — — Quant Lidoine voit

Cele merveille, oez que fist.

do. M. 142, 3; 227, 17; 250, 2. S. d'E. 233.

S. d. P. 461. Ore escoutés si grant merveille. do. S. d. P. 262.

S. d. P. 572. Or entendés un poi au conte

Si orrés quels gens là venoient.

M. 2, 1. — sachiez que font. do. M. 30, 1; 51, 1; 54, 10.

S. d. P. 257; 286; 626. R. d. E. 289; 426; 25.

G. 84. Mais saciés qui lor desplaisoient etc.

Um seine aussagen glaubhaft zu machen, beteuert der
dichter dieselben auf verschiedene art, meist in form kurzer,
parenthetisch eingeschalteter sätze.

M. 21, 14. Qu'il fu .C. tantz plas desvoiez,
Et bien de ce certains soiez,
D'amours, que ses compaings n'estoit.

M. 51, 1. Et sachiez que nous ne mentom,
Qu'il la beisa mult doucement. do. S. d. P. 438.

S. d'E. 430. Ne cuidiez pas que je vous mente.

S. d'E. 261. — nel mescreez mie.

R. d. E. 315. — n'en dotcis pas. do. S. d'E. 75.

S. d. P. 378. Ne tenés pas mon dit à fable.

S. d'E. 405. Itant vous di bien sanz faintié. do. S. d. P. 222.

S. d'E. 25. — et sachiez sans guile. Aehnlich S. d'E. 665.

S. d. P. 193. Je vous en dirai ja la voire

G. 4448. Verités fu et je l'vo di.

Andere, ähnliche versicherungen der wahrheit spricht der dichter aus: M. 4, 9; 15, 3; 226, 5; R. d. E. 130; 147; 463. S. d. P. 664; 1050; 1062.

Im eingang zum „Meraugis" macht Raoul seine hörer auf den wert und die wahrheit dessen, was er erzählen will, aufmerksam:

M. 2, 14. C'est li contes de Meraugis
Qui fist les faitz que je racont.
Mes s'au conter ne vous mescont,
Il n'i a mot de vilainie;
Ainz est contes de cortoisie
Et de biax motz et de plaisanz.
Nuls, s'il n'est cortois et vaillanz,
N'est dignes du conte escouter
Dont je vous voil les motz conter.

An anderen stellen sucht der dichter durch citation der quellen, aus denen er geschöpft, die wahrheit seiner erzählung zu bekräftigen:

M. 3, 7. Si com tesmoigne li Greaus.

S. d. P. 1040. Selonche que dist l'Escripture,

S. d. P. 1042. Si con li saint l'ont raconté.

S. d. P. 1155. Che nous tiesmoignent Escriptures

M. 15, 2. Einsi con je sai la matire. do. M. 51, 21; 184, 5.
G. 12. Issi con la matiere conte. do. G. 3356.
Raoul hat seinen stoff erschöpfend behandelt:
M. 255, 1. Li contes faut ci se delivre
  Raoul de Houdenc qui cest livre
  Comença de cest matire
  Se nuls i trove plus que dire
  Qu'il n'i a dit.

Indes weiss Raoul, dass es dem dichter nicht zum ruhme gereicht, wenn er sich in langschweifigen schilderungen ergeht, er giebt der besorgnis ausdruck, dadurch seinen zuhörern langeweile zu verursachen:

M. 51, 17. Mes plus auroit en mon sermon
  Et maintes foiz vous sermonasse
  De lui, si d'itant ne doutasse
  Que li sermons anuiast
  Por ce et por ce que me hast
  De la matire raconter,
  Vous fais ci le sermon ester. do. S. d. P. 395. S. d'E. 17.

S. d'E. 300. Mès ne seroit ne bel ne gent
  Que toz recordaisse ses dis. Aehnlich S. d. P. 2; 592.

Der dichter bricht längere erzählungen ab und kommt zur sache:

S. d. P. 506. Or revenrai à ma matere
M. 14, 14. Ne ferai mie long sejour
  En leur proesce deviser.

Derartige übergänge sind im „Gauvain" häufig:

G. 3164. Mais de son escu devisser
  Ne ferai pas louge demore.

do. G. 522; 2434; 4128; 4806; 4867.

G. 3666. Por ce que li contes n'anuit
  M'en vuel la droite voie aler.

G. 3350. Mais longue devisse n'est preus
  A dire à cort, n'a Roi, n'à Conte.

Delicate schilderungen unterlässt der höfische dichter:

G. 3668. Des lis ne fist mie à parler.
> A parler uan ce n'est pas fins.

Raoul bricht eine schilderung ab oder unterlässt sie ganz, weil er derselben entweder nicht gewachsen zu sein glaubt, oder weil er sich für unwürdig hält, über einen gegenstand, wie z. b. das paradies, zu sprechen,
S. d'E. 596. Tant mès que je ne sai le conte.
S. d'E. 668. Trop seroit grief à raconter. do. S. d. P. 59; 304; 553; 838; 927; 1098. S. d'E. 393; 535; 596.
S. d. P. 1052. Mais je ne cuide pas ne pense
> Que soie dignes de parler
> Pour les gens biens à raconter
> Qui sont en Paradis celiestre Avec Dieu,

oder er fürchtet mit einer beschreibung nicht zu ende zu kommen: M. 3, 20. De deviser tel creature
> Me dout que je ne viegne à chief.

Nebensächliches wird zu gunsten des wichtigeren schneller abgethan: M. 36, 8. Mes de la paine qu'il i metent
> Ne vous voil ci long conte fere.
> Que tant i a de l'autre afere
> Que bien poons laissier cestui.
> do. S. d'E. 10.

Auf das, ihm besonders wichtig erscheinende, kommt der dichter nochmals zurück:
M. 51, 24. Mes du beisier vous voil je dire.
> Et quoi a il donc à redire?

3. Rhetorische Frage.

Unser dichter führt sehr oft rhetorische fragen ein und richtet dieselben an seine zuhörer oder an sich selbst; nachdem die frage aufgeworfen, folgt auch stets eine antwort, sei es durch ein kurzes „ja" oder „nein", sei es durch eine längere ausführung.
M. 184, 3. Et Meraugis que devient il?
> Quarole il encores? Oïl. do. M. 252, 5.

R. d. E. 27. Si fust drois que chascuns seuvist
Ce qu'à lor non apertenist.
Porquoi? De quoi sui je à malaise?
I voi je riens qui me desplaise? Oïl.
R. d. E. 116. Et que di je? Vuel je dont dire
K'il soit nus chevaliers vilains? — Nonil.
Nur wenige der zahlreichen beispiele von fragen mit
darauf folgender längerer antwort seien citiert; schon die
wenigen beispiele werden die gewandtheit des dichters in
der handhabung der rhetorischen frage beweisen:
M. 51, 7. Savez vous que il emporta,
Et de quels mors il fu emplis?
A un mot il fu raemplis
En ce boisier de touz les biens etc.
M. 51, 25. Et quoi a il donc à redire?
Qu'il ne fust douz et precieux;
Nenil, mes il en ferist deus
A l'assembler. Ferist, coment?
Lidoine vint tant doucement etc.
M. 113, 10. En toz temps servent de plaidier.
De quoi? De ce qui a esté?
Non pas, jà n'en sera parlé
Par eles, ne jà n'auront pais;
M. 122, 10. Li chevalier qui dedenz sont,
Les aperceurent. Et que firent?
Quoi? Aussitot comme il les virent?
Il cornerent el chastel prise
M. 145, 23. Et tant qu'il ont terre encontrée.
Quel terre? Ce fu la contrée
De Handiton. Qui la tenoit?
Li quens Gladoucins en estoit — Sires.
ferner M. 49, 3; 53, 7; 55, 13; 61, 1; 89, 3; 112, 17; 129, 23;
130, 24; 142, 13; 146, 11, 17; 151, 10; 156, 14; 187, 4;
207, 23; 209, 2; 217, 6; 226, 18; 239, 18; 241, 12; 247, 3;
248, 5, 8; 249, 3. S. d. P. 591; 889.

Im R. d. E. finden sich 28 rhetorische fragen, eine summe, welche in anbetracht der kürze dieser dichtung (660 verse) die vorliebe Raouls de Houdenc für die einführung rhetorischer fragen erkennen lässt.

Im „Gauvain" nur

G. 2118. — Volés savoir
Le liu par ù on le véoit?
Une fenestre i avoit etc.

G. 4578. Coment ira il en la place
Conbatre soi à Druidain,
Quant il n'amainera Ydain
Qu'il créanta qui li menroit.

Um sich dadurch längere erzählungen und schilderungen zu ersparen, bedient er sich der einführung einer kurzen frage, wie M. 78, 6. Que vous diroie?

do. M. 39, 19; 78, 18; 82, 22; 142, 20; 151, 15; 211, 15.
M. 140, 6. Que vous en diroie. do. M. 251, 11.
M. 147, 7. Qu'en diroie? do. M. 55, 7; S. d'E. 158; 623; 652;
G. 1840. — qu'en diroie?
G. 4816. Et je, que vous saroie dire?
M. 159, 14. Que vous feroie plus lonc conte?
S. d. P. 890. — qu'en mentiroie? do. S. d'E. 669

4. Wechselrede.

Als letztes rhetorisches hilfsmittel, die sprache zu beleben, sei noch die wechselrede betrachtet. Sie ist wohl zu beachten, da sie dem ganzen gedichte einen eignen character zu verleihen im stande ist, denn eine knappe wechselrede, wo sich, ohne die sprechenden anzuzeigen, frage und antwort, erde und gegenrede schlag auf schlag folgen[1]) wirkt unbedingt gefälliger und belebender, als ein langgedehntes gespräch mit steifen übergängen und stereotypen einführungen der sprechenden personen. Beliebt ist es hierbei,

---

[1]) cf. Abhandlungen der Berliner Academie, 1844. W. Grimm, Athis und Prophilias, pag. 29.

wie schon unter anadiplosis (pag. 85.); erwähnt, dass der angesprochene ein wichtiges wort aus der rede des sprechers herausgreift und zum anfangswort seiner antwort macht. Ich beschränke mich auf die betrachtung der lebhafteren art von wechselrede, wo sich nämlich in kurzen worten frage und antwort in eine einzige zeile zusammendrängen. Es kommen nur die beiden abenteuerromane in betracht, da die drei allegorischen dichtungen keine lebhaften dialoge enthalten.

M. 24, 24. — „Por quoi l'amez?" — „Por sa biauté."
— „Por sa biauté?" — „Voire, sanz plus etc.

M. 27, 1. Gorveins respont: „Vous me gabez."
— „Non faz" — „Sie fetes, com je cuit etc.

M. 85, 25. — „vous covient aler
Au tref." — „N'en fet mie à parler."
— „Sie fet." — „Non fet, pas n'i iroie."
— „Tu si feras." — Je non feroie
Por rien." — „Si feras mes iclz etc.

M. 125, 17. — „Biax sire, entrez."
— „Qù?" — „En ceste nef, si passez
En ceste isle" — „Je non ferai."
— „Por quoi?" — „Par foi, je ne voudrai."
— „Si ferez." — „Non ferai, par foi.
Si passeroie, et je por quoi?"
— „Por ce que faire le covient.

ferner M. 24, 2; 24, 16; 25, 9; 27, 25; 64, 13; 64, 24; 70, 19; 70, 22; 79, 16; 80, 8; 80, 10; 80, 15; 84, 5; 87, 9; 87, 17; 87, 21; 90, 4; 94, 3; 94, 24; 114, 6; 118, 18; 119, 2; 119, 19; 121, 24; 122, 23; 132, 7; 133, 20; 141, 16; 144, 10; 165, 23; 199, 22; 199, 24; 206, 5; 206, 7; 243, 7; 245, 21; 247, 25; 250, 15.

G. 2746. — „On m'apele Maduc Le Noir."
„Maduc le noir." — „Einsi ai non.
Onques ne l'séustes?" — „Je non.

G. 3586. Sire, j'ai non Ydain, por voir.
„Ydain?" — „Voire issi ai à non."
— „Avés ami?" — „Sire, je non.
G. 3858. „Que fait Maduc?" — „Mult bien," fait il.
— „Quel bien? comment? fait m'entendre.
„Cuides tu qu'il me puist atendre?"
— „Oïl, mult bien." — „Por Diu comment?"
— „Hier matin à l'ajornement
S'en alèrent tuit." — „Est ce voirs?"
— „Sire, oïl.
ferner G. 3733; 5396; 5410.

Selbst dreifacher wechsel der rede in ein- und demselben verse findet sich:
M. 126, 10. Jà por nullui n'i passerai."
— „Si ferez." — „Non" — „Jel vous dirai.
M. 154, 20. „Le sivrois tu?" — „Oïl." — Porquoi?"
— „Por ce que le hé plus que toi.
M. 221, 13. — —; qui ci remaint
Honis soit il." „Vendrez i vous?"
Font il entreuls. — „Oïl et vous?"
— „J'irai au siége." — „Et gié." — „Et gié."
ferner M. 137, 15, 161, 18; 194, 17.
G. 1983. Je ne cuic pas que ce soit il."
— „Si est." — „Connois le tu?" — „Oïl;
G. 4846 — Et t'amie menras i tu?"
— „Oïl" — „Feras?" — „Oïl, por voir."
G. 5403. -- „Cuidiés vos donc que ce soit il?"
— „Je l'cuic et l'sai." — „Savés?" — „Oïl."

Sentenzen und sprichwörtliche Redensarton.

In kurzen aussprüchen werden allgemeine wahrheiten, als lebensregeln aufgestellt, wiedergegeben; dieselben sind entweder dem volksmunde entnommen, oder den eigenen reflexionen des dichters entsprungen. Bei Raoul ist meist das letztere der fall, indem nur einmal die allgemeinheit

einer sprichwörtlichen redensart durch die worte „on le dit"
angedeutet wird, nämlich M. 106, 11.

Die meisten sprichwörtlichen redensarten und sentenzen
haben eine mehr oder minder klar vor augen tretende didactische tendenz.

Die werke Raouls de Houdenc sind, im vergleich mit
den werken anderer zeitgenössischer dichter, nicht gerade
reich an sprichwörtern zu nennen; die wenigen sentenzen
und sprichwörtlichen redensarten streut Raoul ungesucht und
unvorbereitet in die fortlaufende rede ein.

Das, was man nur vom hörensagen weiss, ist unsicher:

M. 59, 3. Savoir vaut mielz que oïr dire.

Selbst der schönste wald ist nicht ohne krüppelholz:

M. 106, 11. Nains, il est voirs et l'on le dit
N'est si haut bois qui n'ait buscille.

Vergeblich wird ein, vom rechten wege abgekommener
sein ziel suchen, denn:

M. 151, 15. Assez puet querre
Qui Paris quiert en Engleterre

Man darf den tag nicht vor dem abend loben.

M. 162, 15. Mes nuls ne doit comencement
Prisier, dont la fin est mauvaise.

Jedermann muss seinen hunger stillen, denn

M. 159, 4. Nuls hons ne puet vivre de fust.

„Wie du mir, so ich dir" heisst es im kampfe:

M. 192, 4. S'entrevienent si aïré,
Tu m'as feru, je te ferré.

G. 3890. Der gerädeste weg ist der beste:
Sire, fait il, la estroite (sc. voie)
Est la plus droite.

Ein liebender ritter darf nicht mehr alles wagen:

G. 4418. Chevaliers qui s'amie mainne
Ne doit pas tos fès commencier.

Erzwungene liebe ist nicht herzlich:

G. 2332. Mais li hom qui s'amor otroie
    Par force, n'aime pas de cuer.

Nicht befremden darf das häufigere vorkommen sprich-
wörtlicher redensarten in dem allegorischen gedichte „li
romans des eles", da dieses gedicht einen unverkennbaren
didactischen character an sich trägt und eine wahre samm-
lung von guten lehren und regeln zumal für den höfischen
mann enthält.

Zu langes schweigen bringt dem sänger keinen gewinn:
R. d. E. 2. Ke bien me sui aperceüz
    Qui trop se taist, ke de trop taire
    Ne poroit nus grant chastel faire.

Bei gutem gewinnt das gute noch an wert:
R. d. E. 576. Ki bon vin en bon vassel met,
    Toz jors en vaut miez li vaissiez
    Kar del bon est bons li esccaz.

Der reichste ist nicht immer der glücklichste:
R. d. E. 647. Car je sai bien, sans nul redot,
    Teis est riches qui n'a pas tot.

Der echte ritter sei im kampfe laut, im gespräche sanft:
R. d. E. 315. Car chevaliers, n'en doteis pas ˙
    Doit haut ferir et parler bas.

Der dichter giebt den besitzenden gute lehren, wie sie
die freigebigkeit, eine haupttngend, walten lassen sollen:

Wer giebt, gehe schnell:
R. d. E. 77. S'il a de quoi, doner l'estuet
    Presentement [1]),

denn durch zögern verliert die gabe die rechte würze:
R. d. E. 226. — dons est sans savor qui targe. [2])

Wer die grösse des geschenkes ansieht, wird nicht geehrt:

---

[1]) Bis dat, qui cito dat.
[2]) Ausonius: Gratia quae tarda est, ingrata est gratia.
Huon de Mery: Dons tardis, promesse presente
    C'est don sans sel et sans savor.

R. d. E. 165. Ja chevaliers, se Diés me saut,
Puis qu'il enquiert que sables[1]) vaut
Ne montera en grant hautece. [cf. M. 171, 12.]

Scheler, a. a. o. pag. 383 erklärt durch „Qui n'obtient
robe, ait à mangier" die folgende redensart:

R. d. E. 268. „Ki n'a cote, si ait cuirie."
Von der wahren freigebigkeit sagt Raoul:

R. d. E. 191. Car largece, sans nul redot,
Jue del sien à tot por tot.

Der geizhals aber ist ängstlich, denn er weiss, dass:

R. d. E. 378. „Ki en largece s'abandone,
Ja en richese ne morra."

Die begriffe „chevalerie" und „lecherie" sind unvereinbar:

R. d. E. 455. Quar li nons de chevalerie
Est contrepois de lecherie.

Sprichwörtlich ist es, dass, wie schon unter gleichnis
(pag. 17.) erwähnt, der neidische mensch dem hunde gleicht,
der die hungrige kuh vom heuhaufen verjagt:

R. d. E. 419. Ne li avoirs ne li fait bien,
Nient plus que li mulons al chien.

II. Teil.

**Ist, in Anbetracht des Stiles der beiden Trouvères, die
Identität Raouls de Houdenc mit dem Verfasser des „Messire
Gauvain" wahrscheinlich?**

Eine eingehende betrachtung und vergleichung des stiles
der werke, welche mit sicherheit dem trouvère Raoul de
Houdenc zuzuschreiben sind und des stiles, welcher den
verfasser des „Messire Gauvain"[1]) characterisiert, liefert in

---

[1]) Scheler, a. a. o. pag. 380, anmerkung zu R. d. E. 166: „sable
signifie ici la fourrure de ce nom (la zibeline), qui servait souvent
aux rénumérations des seigneurs envers leurs serviteurs."

der that ein wesentliches beweismaterial zur entscheidung der frage, ob Raoul de Houdenc identisch ist mit dem trouvère Raoul, dem verfasser des „Gauvain", denn auch schon im mittelalter bildet der stil ein characterisches merkmal des dichters und seiner gedichte. Das. im I. teile dieser abhandlung zusammengetragene material werde ich also an dieser stelle verwerten und mit seiner hilfe die wahrscheinlichkeit einer identität der beiden Raoul zu wiederlegen suchen.

Ehe ich zur frage nach der autorschaft des „Messire Gauvain" übergehe, halte ich es für nötig, einige worte über den „Songe de Paradis" zu sagen, da Zingerle in seiner, schon wiederholt citierten sprachlichen untersuchung auch die echtheit dieses gedichtes anzweifeln zu müssen glaubt, wenngleich ihm dieser zweifel sehr gewagt erscheint.

Die wenigen gründe, welche nach Zingerle (a. a. o. pag. 41) für die echtheit des S. d. P. sprechen könnten, von ihm aber, als nicht beweiskräftig genug, fallen gelassen werden, sind folgende: „S. d'E. 673: Et cis contes faut si à point Qu'après ce n'en diroie point Devant que de songier reviegne" lässt die abfassung eines derartigen gedichtes [wie der S. d. P.] vermuten und v. 681. einer hs wird geradezu gesagt: Après orrez de Paradis; auch der anfang des S. d. P. selbst Or escoutés, seignor, un songe Qui croist no matere et alonge scheint das gedicht S. d'E. vorauszusetzen, sowie der umstand, dass der dichter, nachdem er erzählt hatte, wie er im traume in das paradies gekommen ist, darüber „fine verité" berichtet und 1135 ff. dies auch über die hölle thut." Indem ich diese belege anerkenne und besonders den hinweis auf den S. d. P., welcher sich am schlusse des S. d'E. 679 „Ci fine li Songes d'Enfer: Dius m'en gart esté et yver! Après orrez de Paradis; Dius nous i maint et noz amis!" findet, sowie

¹) „Messire Gauvain Ou La Vengeance De Raguidel. Poeme De La Table Ronde. Par Le Trouvère Raoul." Publié par C. Hippeau. Paris 1842.

den hierauf bezug nehmenden S. d. P. 1. „Or escoutés, seignor, un songe" mehr betont wissen möchte, füge ich, als zwingendere gründe dafür, dass S. d. P. und S. d'E. von einem und demselben autor herstammen, noch einige puncte der übereinstimmung hinzu.

Dass der äussere rahmen dieser beiden dichtungen derselbe ist, dass sie beide in das gewand einer, im traume unternommenen reise gehüllt sind, kann nicht besonders berücksichtigt werden, da die meisten allegorisch-didactischen gedichte jener und der folgenden zeit sich dieser conventionellen einkleidung in traum und reise bedienen. Auffallend sind aber einige übereinstimmende schilderungen in beiden gedichten, welche sehr dafür sprechen, dass ein und derselbe dichter sie verfasst habe.

Der empfang nämlich, den der träumende dichter im S. d. P. im hause der Amour und der, den er im S. d'E. im hause der Envie findet, sind mit unverkennbarer ähnlichkeit geschildert. Ich stelle die betreffenden citate aus beiden gedichten nebeneinander.

S. d. P. 49. Assés menjames	S. d'E. 27. Envie bien me her-
et béumes	breja;
De tous biens grant plenté	En l'ostel avoec nous menja
éumes	
Lors nous vint veïr Desci-	Tricherie, la suer Rapine,
pline;	
Obedience, sa cousine,	Et Avarisce, sa cousine,
Revint apriès par grant desnoi:	Vint avoec li, si com moi
	samble.
Mais ne me fisent pas anoi,	Por moi veoir toutes ensamble
Car mout durement me fiste-	Y vindrent et grant joie
rent	firent
Et mout grant joie deme-	
nerent	
De moi. Lors vint apriès	De ce qu'en lor païs me vi-
Gemirs	rent

Et Penitanche avoec Souspirs,	Tantost, sanz plus contremander
Qui tout fisent de moi tel joie	Vint Avarisce demander
Que raconter ne le saroie.	Que je noveles li deïsse
Dont demanderent tout ensamble	Des avers, et li apréïsse
Les contenauches des Beghines,	Lor fez et lor contenemenz:
	Si com chascuns de ses parenz
	Se demaine m'a demandé;

Als im weitern verlaufe der reise der dichter im S. d'E. in die hölle und im S. d. P. in den himmel eintritt, wird er freudig begrüsst und freundlich aufgenommen; hier redet ihn Gott, dort Beelzebub beim namen an:

S. d'E. 409. Adonc fui je bien saluez	S. d. P. 943 Laiens fui mout bien venus.
De clers, d'evesques et d'abez.	Ravisés fui et conneüs.
Pylates dist et Belzebus:	De ceaus qui al siecle me virent
„Raoul, bien soies tu venuz!	En dementiers que il vesquirent:
„Dont viens tu?" Je vieng de Saissoigne	969. Et il (Dieu) dist: „Raoul, bien l'as fait
etc.	etc.

Übereinstimmende meinung über den traum wird in beiden gedichten ausgesprochen:

S. d'E. 1. En songes doit fables avoir;

S. d. P. 1026. Lors m'esvillai, si me dolu

        Li cuers pour che que je par songe

        — Que n'estoit point voirs, mais mençonge —

        Avoie en Paradis esté.

Was nun die gründe betrifft, welche Zingerle gegen die wahrscheinlichkeit der identität Raouls de Houdenc mit dem

verfasser des S. d. P. ins feld führt, so beruhen dieselben
in der hauptsache darauf, „dass der verfasser des S. d. P.
eine, in den andern gedichten nicht zu tage tretende geistliche bildung zeige, und dass der verhältnismässig grosse
umfang des S. d. P. (1368 verse) gegenüber dem des S. d'E.
(682 verse) auffallen müsse".

Diese gegengründe zu entkräften und damit die echtheit
des S. d. P. näher zu legen, als es bisher geschehen, will
ich im folgenden versuchen. Bei wiederholtem durchlesen
und bearbeiten des S. d. P. drängte sich mir unwillkürlich
die vermutung auf, dass Raoul de Houdenc den S. d. P. in
directem anschlusse an den S. d'E. verfasst habe: einmal
deuten S. d'E. 681 und S. d. P. 1. auf einander hin, anderseits erreicht der eigentliche traum vom paradies schon mit
vers 1030 das ende und es schliesst sich hieran eine allgemeine belehrende und ermahnende betrachtung über beides,
himmel und hölle, an. Der dichter sagt: nachdem er solange
geträumt, wolle er nunmehr „fine verité" berichten und
schildert in diesem schlussteile zunächst die annehmlichkeiten
des himmels (v. 1049—1134.) sodann die schrecken der hölle
(v. 1135—1252), um uns zuletzt ein kurzes bild vom jüngsten gericht zu entrollen. Als quelle für den letztgenannten
bericht nennt er eine schrift des heiligen Gregor (v. 1253),
als quelle für die beiden erstgenannten die heilige schrift
(v. 1040) und den heiligen Bernhard (v. 1101; 1110; 1118).

Ausserdem fällt hier noch ein rein sprachlicher grund,
welcher entschieden für die echtheit des S. d. P. eintritt, in
die wagschale. Es heisst nämlich
S. d. P. 1031. Mais pour che que j'ai tant songié,
      De dire songes prenc congié,
      Si dirai fine verité;
wennschon die worte „tant songié" nachdrucksvoll die länge
des traumes betonen, so müssen wir, uns auf die genauig-
keit der Scheler'schen veröffentlichung verlassend, aus dem
flexivischen „s" an „songes" schliessen, dass der dichter zwei

träume im auge gehabt hat, den eben vollendeten S. d. P.
und den früheren S. d'E.

Der grosse umfang des S. d. P. darf nun nicht mehr
auffallen, da der eigentliche traum nur bis vers 1030 reicht,
und die folgende betrachtung von 338 versen sich auf beide,
S. d. P. und S. d'E., beziehen wird.

Der, Zingerle ebenfalls befremdend erscheinende umstand,
„dass der verfasser des S. d. P. eine, in den andern gedichten nicht zu tage tretende geistliche bildung zeige" ist dann
auch nichtssagend, indem alle belegstellen einer geistlichen
bildung des dichters erst in der allgemeinen schlussbetrachtung, nicht im traume selbst, zu finden sind. Der letzte ein-
wand Zingerle's ist: „dass wir S. d. P. 92 die noirs moines
im paradies treffen, während S. d'E 592 sie sich in der hölle
befinden." Zur erklärung citiere ich die beiden stellen:
S. d. P. 921. Nonnains i vic et des noirs monnes.
S. d'E. 592 speist man Noir moines à la tanoise.

In beiden fällen ist also nicht von der gesamtheit der
mönche, sondern nur von einigen individuen die rede; auch
verträgt es sich sehr gut mit der satire unseres dichters
gegen die schwächen seiner zeit, besonders gegen die der
geistlichkeit, dass er einige brüder des ordens des heiligen
Benedict zur strafe für ihre sünden und heuchelei in die
hölle, andere zum lohn für ihre frömmigkeit, in den himmel
versetzt.

Alle die obengenannten gründe zwingen mich, entschieden für die echtheit des S. d. P. einzutreten.

Ich komme zur hauptfrage, zu der nach der autorschaft
des „Messire Gauvain".

Ohne diese frage, wie sie es wohl verdient hätte, eingehend zu erörtern, sind bisher zu verschiedenen malen
blosse vermutungen ausgesprochen worden, denen aber, da
sie meist aus dem munde anerkannt scharfsinniger forscher
kamen, von anfang an zu viel glauben geschenkt wurde.

Mussafia [Pfeifer's Germania VIII pag 221—222.] hält
es für „nicht ganz unwahrscheinlich", dass der verfasser des
„Messire Gauvain" identisch mit unserm Raoul de Houdenc
sei und citiert als einzigen beleg eine stelle, wo im G. (v.
1269) der tapferkeit des Meraugis de Portlesguez „mit sichtlicher
vorliebe" gedacht werde. Diese stelle lautet: Mervelles bien
le fist cel jor Meraugis, cil de Porlesgués. Zur orientierung
über das vorkommen dieses namens kann ich auf F. Wolf,
[a. a. o. pag. 182 ff.] verweisen und meine, dass demnach
diese erwähnung des helden Meraugis für die vermutung
Mussafia's ebenso wenig beweisend sein kann, als wenn vielleicht jemand aus R. d. E. 134 Je sui d'armes passeis Gawain
schliessen wollte, der verfasser des M. G. sei identisch mit
Raoul de Houdenc, weil dieser im R. d. E. des helden Gauvain
erwähnung thue.

Zwar stellt Mussafia eine längere ausführung der punkte,
welche auf eine nähere verwandtschaft zwischen den romanen M.
und G. schliessen lassen, in aussicht, doch leider wartet man
noch immer vergeblich auf das erscheinen dieser untersuchung.

Sehr bequem hat sich Arthur Dinaux über die frage
hinweggeholfen (cf. „Les trouvères brabançons, hainuyers,
liégeois et namurois, Bruxelles 1863; pag. 597 ff.). Er nennt
in der reihe der werke Raouls de Houdenc „le chevalier à
l'espée,[1]) joli fabliau attribué d'abord par erreur à Chrestien
de Troyes et reconnu depuis comme appartenant positivement
à Raoul de Houdeng," hält es aber nicht für nötig, seinen
lesern, vielleicht, weil er ihm selbst unbekannt ist, den namen
dessen zu nennen, der diesen nachweis geliefert hat.

F. Wolf in seiner schätzenswerten abhandlung „Über
Raoul de Houdenc und seine werke, insbesondere seinen ro-
man Meraugis de Portlesguez" (Denkschriften der Wiener
Academie der Wissenschaften. Phil. hist. Cl. XIV, pag. 156.)

---

1) Unter diesem namen ist der roman „De la vengeance Raguidel" auch bekannt.

berührt ebenfalls die frage nach der autorschaft des G. und
verhält sich sehr reservirt zu ihrer entscheidung. Ihm erscheint die von Mussafia, „als einem so scharfsinnigen kritiker
und tüchtigen philologen" ausgesprochene vermutung so beachtenswert und so wichtig, dass er nicht nur unterlässt,
eine entgegengesetzte ansicht zu äussern, sondern sogar seine
anfangs in ihm aufgestiegenen zweifel zu gunsten der vermutung Mussafia's wieder aufgiebt. —

Auch Paul Meyer (cf. Revue critique, 1869, I, pag. 315)
tritt, und zwar wegen der grossen sorgfalt, welche in beiden
romanen auf die reime verwendet worden, für die indentität
der beiden Raoul ein.

Diesen allen gegenüber steht als erster und noch immer
als einziger, der die ansicht vertritt, dass wohl zwei dichter
mit namen Raoul anzunehmen seien, Zingerle in seiner dis-
sertation, Erlangen 1880.

Nachdem derselbe die früheren meinungen über die
autorschaft des G. erörtert hat, nachdem er sodann vom
sprachlichen standpuncte aus die characteristischen eigenheiten des G. mit denen des M. verglichen, gelangt er (cf. a.
a. o. pag. 42.) zu dem resultate, dass die gründe, welche
man für die identität der verfasser beigebracht hat, nicht
stichhaltig seien, und dass auch die sprache in beiden romanen keinen entscheidenden beweis für diese annahme liefern
könne. Als belege für diese letztere behauptung dienen ihm
eine reihe sprachlicher abweichungen in beiden romanen.

Nebenbei erwähnt er auch einige stilistische verschieden-
heiten beider romane, um dadurch seinen zweifel an der
identität Raouls de Houdenc mit dem verfasser des G. zu
rechtfertigen, doch es konnte, von Zingerle's standpunkte aus,
diese stilistische betrachtung — sie richtet sich auschliess-
lich gegen den angeblichen beweis Michelant's, — nur flüch-
tig und ganz nebensächlich angestellt werden. Ich will mich
im folgenden voll und ganz dieser arbeit unterziehen. Zur
entscheidung der angeregten frage ist unbedingt eine ein-

gehende, gründliche untersuchung aller stilistischen eigenheiten beider romane, M. und G., erforderlich, deshalb überblicke ich noch einmal das, im I. teile meiner abhandlung enthaltene reiche material und erörtere zunächst die puncte, in denen der stil beider romane übereinstimmung zeigt. M. 31, 10 und G. 1114 ist der mut des löwen, M. 190, 3. und G. 5906 der stolz des leoparden, M. 240, 9 und G. 4920 die schnelligkeit des vogels, M. 4, 22 und G. 3806 die frische der rose, M. 5, 4 und G. 2173 die blendend weisse farbe der lilie, M. 230, 17 und G. 3168 die schwarze farbe der maulbeere, endlich M. 31, 2 und G. 3194 die schnelligkeit des windes das vergleichsmoment für einen, vom dichter angestellten vergleich. Wenngleich die summe von 7 übereinstimmenden vergleichen auffallen muss, so möchte ich dennoch nicht viel wert darauf legen, da die oben angeführten vergleiche, als sehr nahe liegend, sich bei dichtern alter und neuer zeit wiederfinden, also auch für die individualität unseres dichters nicht bestimmend sein können.

Unter den vielen metaphern hingegen zeigen sich wenig anklänge beider dichtungen aneinander. Einmal findet sich die dem schachspiele entnommene und in's kampfesleben übertragene metapher, dass ein kämpfer den andern „matt macht," sowohl im M. als auch im G. Es heisst M. 234, 6 A toi qui de moi fere mat Te vantes und G. 2398 Et si li troi puent mater Les .II. etc.

Neben dieser metapher finde ich noch eine andere, nicht minder geläufige, nämlich M. 52, 21. Que l'amour naist de l'esgarder und G. 5094. — ne jamais ne naistra Si grans dols.

Ohne beweiskraft sind ferner, weil zu alltäglich: die sich sowohl im M., als auch im G. wiederholenden personificationen von herz, tod, liebe, die metonymien „herz für gesinnung", „eisen für schwert", „banner für herrschaft", die fälle der synecdoche, wo statt der kämpfenden ritter das „tornoiement", und wo statt des personalpronomens die substantiva „cors" oder „cuers", endlich, wo an die stelle einer unbestimmten grossen zahlenangabe bestimmte grössere oder kleinere zahlenausdrücke gesetzt werden. Auf den letztgenannten punct wies Michelant in seiner einleitung zum „Meraugis" pag. XV hin und findet zumal da, wo der dichter gruppen von personen oder sachen aufzählt, frappante ähnlichkeit in beiden dichtungen vor. Da einmal hierauf ein hauptgewicht gelegt worden ist, so darf ich nicht unterlassen, auch hierüber mich, unter berücksichtigung des I. teiles der abhandlung, zu verbreiten. Als beispiele von solchen zahlenreihen führe ich an:

M. 17, 6. Qu'il s'enfuient ça un, ça deus.

M. 40, 14. Ça .II., ça .III., ça .V., ça .VI.

M. 174, 3. Ça .V., ça .X., ça .XX., ça mains.

M. 39, 27 Ça .X., ça .XX., ça mains, ça plus.

G. 37. Vont esbahi, ça .X., ça XX.

G. 3202. Ça .I., ça II., ça VII., ça .X.

G. 3211. Ça .I., ça .VII., ça .X, ça .XX.

G. 3642. Toreles i ot .V. u sis

U .X., u .XII., u plus u mains.

Ein anderes, für Raoul de Houdenc characteristisches beispiel sei hier noch erwähnt: R. d. E. 230. .iij. dons u .iiij. u chinq u vi.

Aus dieser tabelle eine überzeugende ähnlichkeit zwischen M. und G. erkennen zu wollen, scheint mir gewagt zu sein, denn einmal enthalten auch noch viele andere dichtungen derartige aufzählungen (cf. Zingerle, a. a. o. pag. 7.), zum andern aber spitzen sich diese formeln auf den reim zu, ohne im innern des verses sich auffallend zu ähneln. Auch ersieht man leicht aus den angeführten beispielen, dass die formeln in beiden dichtungen unregelmässig verlaufen: während Raoul de Houdenc ziemlich genau zu werke geht und bemüht ist, die zahlenfolge möglichst innezuhalten, würfelt der verfasser des G. die zahlen bei aufzählungen bunt durcheinander:

M: 1, 2; 2, 3, 5, 6; 5, 10, 20; 10, 20; R. d. E. 3, 4, 5, 20.

G: 1, 2, 7, 10; 1, 7, 10, 20; 5, 6, 10, 12; 10, 20.

Um eine zu lange besprechung jeder kleinen einzelheit zu vermeiden, will ich, ohne speciellere erörterungen beizufügen, im folgenden die noch übrigen übereinstimmungen und anklänge stilistischer art aus beiden romanen zusammenstellen. Im M., wie im G. wiederholen sich folgende einzelheiten:

— hyperbolisch schildert der dichter, wie seine helden vor zorn oder schreck der raserei oder gar dem tode nahe sind: M. 67, 4. à poi qu'il n'est desvez. G. 5542 à poi qu'il n'est dervés. und M. 214, 2. Qu'il muert d'annui: G. 31. qu'il ne muert d'ire.

— allgemeine zeitbestimmungen, wie M. 168, 10 und G. 1707 en cest siecle, ferner ja nul jor; nul lieu; el mond; sous ciel.

— bezeichnung eines geringen wertes: M. 31, 14. vaillant un denier, G. 1409. ne le prise .I. sol denier.

— der euphemistische ausdruck „trespasser" für „sterben."

— die distributionen M. 241, 7 und G. 2866. devant et deriere, M. 127, 9 toutes et tuit und G. 3990. Tuit et totes.

— die anaphora M. 22, 10 und G. 3621. mit or l'aime beginnend, indes im G. wiederholt sich die anaphora „or l'aime" 12 mal, im M. nur 2 mal.

— die formelhaften redewendungen (epizeuxis) corps à corps, dui à dui; plus et plus; près à près.

— die annominationen „aimer d'amour" und „donner un don."

— die ausrufungen Ha!; Hé!; Diex!

— die beteuerungsformeln par mon chief; par foi; par verité; por voir; par Dieu; por Dieu merci.

— die kurze rhetorische frage qu'en diroie? welcher sich beide dichter bedienen, um eine erzählung abzubrechen.

Dies sind alle die puncte, in denen die beiden abenteuerromane sich ähneln; ich habe sie ohne ausnahme aufgezählt, um jedermann die möglichkeit zu geben, denselben nach eignem gutdünken mehr oder weniger wert und beweiskraft beizumessen.

Meine ansicht geht dahin, dass keines der angeführten beispiele zu dem schlusse berechtigt, dass die beiden verfasser geistesverwandt sind, denn zum beweise der identität zweier autoren dürfen nicht übereinstimmungen allgemeiner art genügen — und zu diesen rechne ich die mehrzahl der oben angeführten stilistischen ähnlichkeiten der werke der beiden Raoul — vielmehr bedarf man dazu schlagender beweismittel, beruhend auf frappanten übereinstimmungen, welche im stande sind, schlüsse auf die gesamte bildung der beiden individuen ziehen zu lassen.

Auf grund stilistischer übereinstimmungen die indentität der beiden Raoul anzunehmen, ist nach meiner überzeugung unmöglich, es bleibt mir vielmehr, wenn ich überhaupt zu einem präcisen resultate oder zur vollen lösung der frage nach der autorschaft des G. gelangen kann, nur noch die möglichkeit offen, dass mir die abweichungen und contraste im stile des M. und G. ein reichliches beweismaterial bieten, um klar zu legen, dass Raoul de Houdenc durchaus nicht identisch sein kann mit dem trouvère Raoul, verfasser des „Messire Gauvain". In der that sind die stilistischen abweichungen so zahlreich und, wie sich im verlaufe der schlussbetrachtung zeigen wird, so beweiskräftig, dass ich nicht umhin kann, die vermutung Zingerle's, dass wohl zwei dichter mit namen Raoul anzunehmen seien, zu bestärken.

Bei der menge von beispielen auffallender verschiedenheit des stiles beider romane, kann ich mich mit der erwähnung der hauptsächlichsten begnügen.

Zunächst zeigt ein blick auf das capitel der wiederholung des gleichen eine offenbare verschiedenheit in der verwendung dieser stilistischen hilfsmittel, denn der verfasser des G. ist in ihrer verwendung bei weitem verschwenderischer, als Raoul de Houdenc in seinen gedichten. So will ich als ganz besonders auffallend die verschiedenheit beider dichter in den beispielen der epizeuxis in betracht ziehen. 17 beispiele aus G. stehen 4 aus M. gegenüber und selbst von den einzelnen beispielen aus G. findet im verlaufe des romanes eine öftere wiederholung statt, sodass man daraus schliessen muss, dass der dichter des G. gerade die epizeuxis mit vorliebe zur belebung seiner erzählungen verwandte. Im G. wiederholen sich:

Dans chevaliers estés, estés G. 83. und wörtlich ebenso G. 4503; ferner Esta! esta! G. 3530 und 3909; alés, alés G. 4120 und G. 4512; Sire, sire! G. 4282 und G. 5632. Die verschiedenheit der metaphern beider dichtungen habe ich bereits früher (pag. 118) betont.

Pleonasmen und tautologien in gestalt antithetischer sätze finde ich im G. seltener vor.

Synonyme sätze stehen in beiden dichtungen neben einander, doch ist es sehr auffallend, dass sich im G. 7 mal zwei synonyme sätze wiederholen, welche nicht einmal im M. zu finden sind: G. 23. Quant li jors passe et la nuit vint, G. 1628. La nuis aproche, li jors vait; G. 4080. Le matinet, à l'ajornee. Sätze ziemlich gleichen inhaltes stehen noch G. 2928; 4446; 3360; 3762, nicht einmal aber im M.

Raoul de Houdenc macht einen reichlichen gebrauch von den rhetorischen hilfsmitteln, und auch hierin weicht er entschieden von dem verfasser des G. ab.

Die grosse gewandtheit, mit welcher Raoul de Houdenc die rhetorischen fragen einfügt, um dadurch den hörer aufzumuntern und langweilige schilderungen zu umgehen, die dramatische lebendigkeit, welche er seinen wechselreden zu verleihen vermag, gehen dem trouvère Raoul ab und zeigen ebenfalls einen unterschied zwischen beiden dichtern. Ich finde auch, dass die zahlreichen monologe des M. durch frische und dramatischen character sich vor den wenigen monologen des G. auszeichnen. Für die verschiedenheit der individualität beider dichter spricht ferner der umstand, dass Raoul de Houdenc in seinen werken eine grössere neigung zur einführung von sentenzen und sprichwörtlichen redensarten zeigt. Dieses, den dichtungen Raouls de Hou-

denc einen volkstümlichen character verleihende element ist
dem romane G. ebenso fremd, wie die, bei Raoul de Houdenc
hervortretende didactische tendenz der dichtuugen.

Was die religiosität beider verfasser anbelangt, so legen
die dichtungen Raouls de Houdenc ein anderes zeugnis ab,
als der roman G. Durch öftere einflechtung religiöser gedanken und vorstellungen hat Raoul de Houdenc seinen
werken ein geistliches gepräge aufgedrückt. Wenngleich
diese gedanken den dichter naturgemäss zumal bei abfassung
seiner allegorischen gedichte bewegen mussten, so zeigt sich
doch auch bei ausschliesslicher vergleichung der beiden romane M. und G., dass Raoul de H. eine tiefere religiöse
bildung besitzt, als der trouvère Raoul, der verfasser des G.:
während im G. nur einige male von Gott gesprochen wird,
thut Raoul de Houdenc im M. auch des paradieses (M. 152, 13),
des teufels und der hölle (M. 188, 5) erwähnung.

Ich komme zum letzten punct, der mir für meine betrachtung sehr wesentlich zu sein scheint, zur behandlung
der frauen in beiden dichtungen.

Im M. weht dem leser ein hauch der reinsten, lautersten
minne entgegen: nicht nur die herzensdame, nein alle frauen[1])
werden gleich hoch geachtet und verehrt. Durch zahlreiche
belege aus seinen dichtungen, insbesondere aus seinem aben-
teuerroman M., will ich beweisen, dass bei Raoul de Houdenc
der cultus der frauen auf seinem gipfel steht. Im M. sind
die damen reichlich mit schmückenden beiwörtern bedacht,
selbst die schönheit der einzelnen körperteile wird durch
schmückende beiwörter hervorgehoben; douz vis (M. 50, 22)
front haut, cler et bien fait (M. 4, 2); sourcilz à delié tret
Enarchiez non pas bloi que brun (M. 4, 3); oeil douz (M. 4, 9);
nez traitiz et droit et bele bouche et cler le vis (M. 5, 2);
douce bouche riant (M. 50, 23); douz menton (M. 50, 25);
col bel et blanc et droit (M. 5, 11); beles espaules et biauz

[1]) cf. R. d. E. 336, pag. 19 dieser abhandlung.

bras (M. 5, 24). Alles dies sind beispiele dafür, dass sich Raoul de Houdenc in möglichst ausführlicher schilderung der schönheit der damen gefällt. Selbst der name der geliebten wird „douz“ genannt. Im G. finden sich derartige beschreibungen der schönheit nur 4 mal und sind allgemeiner art: chief blont G. 3564; ceveus blons et deliés G. 4228; col blanc G. 4230; Bras ot gros et puings bien taillés Et les iols vairs et le vis cler. G. 2088.

Mancherlei metaphorische redewendungen liefern characteristische beweise für die hohe verehrung der frauen bei Raoul de Houdenc, so schmeichelt der ritter seiner dame, indem er sie seinen schild, seinen speer, seine hoffnung, seine freude, seine rechte hand, sein hab und gut etc. nennt. Die liebe erscheint im M. als guter arzt, der sicher heilung bringt; M. 205, 20; 206, 15; 210, 1; 226, 6 gewährt schon die freude des wiedersehens dem verwundeten Meraugis genesung; die liebe heilt alle übel (M. 208, 20 und R. d. F. 508); die weissen arme der geliebten erscheinen im M. als ein talisman, denn die umarmung der geliebten hält alle krankheit vom umarmten fern (M. 7, 7); schliesslich wird im M. ein „cour d'amour“ geschildert, wo die damen beim turniere als schiedsrichter fungieren. Nichts von alledem im G.: hier tritt uns ein ganz anderes bild entgegen. Die gedanken und ansichten dieses dichters über den frauendienst stehen denen Rauls de Houdenc schroff gegenüber: im G. sind die frauen bei weitem nicht mit jener zartheit und ritterlichen galanterie behandelt, welche unsern trouvère Raoul de Houdenc in so hohem masse auszeichnet, vielmehr hat sich im G. die verehrung der frauen in eine leise ironie über die schwächen des schwächeren geschlechtes verwandelt, an die stelle des idealen frauendienstes ist eine „galanterie profanée“ getreten. Die farben, mit welchen der verfasser des G. die frauenliebe und treue malt, stehen in so auffallendem contraste zu der zarten, ehrfurchtvollen behandlung, die die frauen im M. des Raoul de Houdenc erfahren, dass dadurch die vermutung, dass die romane M. und G. verschiedene verfasser haben, an wahrscheinlichkeit gewinnt, mir wenigstens will es unmöglich erscheinen, dass ein und derselbe dichter in zweien seiner werke so ganz verschiedene ansichten über die würde und ehre des andern geschlechtes äussern könne.

Um hier lange citate zu umgehen, folge ich Hippeau, welcher in seiner einleitung zum G. ganz objectiv ausführt, dass im romane G. nicht mehr das ritterliche ideal in seiner reinheit und moralischen grösse zu finden sei. Characteristisch für die ganze gesinnung des verfassers scheinen mir besonders zwei stellen im G. zu sein, welche klar und deutlich besagen, dass die frauen im G., im gegensatze zum M., mit geringschätzung behandelt werden.

Einmal findet sich im G. eine episode eingeflochten, wo die treue zweier hündinnen gegenübergestellt wird der undankbarkeit der schönen, aber in der liebe leichtfertigen heldin Ydain, um deren gunst willen Gawein allen gefahren trotz zu bieten beschlossen hatte. Zu dieser episode ist vorzubemerken, dass Ydain dem kühnen Gawein ihre befreiung verdankte, dass sie aber, statt ihm dank dafür zu zollen, den Gawein treulos verliess und sich in die arme eines unbekannten ritters Druidain warf, dem sie auf ihrer gemeinsamen wanderung mit Gawein begegnet war. Der inhalt dieser episode ist kurz folgender: Der wackere, aber von Ydain schnöde verlassene ritter, setzt, gefolgt von Ydains beiden windspielen, seinen weg fort. Ydain jedoch in ihrer launenhaftigkeit giebt sich noch nicht zufrieden, ersucht vielmehr ihren begleiter Druidain, von Gawein die hunde zurückzufordern und, falls er sie nicht willig herausgäbe, ihn mit dem schwerte dazu zu zwingen. Gawein seinerseits verlangt, dass man, wie zuvor der jungfrau Ydain, jetzt den hunden freie wahl zwischen beiden parteien lasse; der versuch wird gemacht und — treuer und dankbarer als ihre schöne herrin, entscheiden sich die schlanken tiere für Gawein. Raoul,

der verfasser des romanes, ist weit entfernt, den fehler der
Ydain verhüllen zu wollen, vielmehr bemüht er sich, ihre
undankbarkeit und treulosigkeit in den grellsten farben zu
schildern: Ydain ist falsch und arglistig, unbeständig in ihrer
liebe zu einem tadellosen ritter.

Nachdem Gawein seinen nebenbuhler Druidain im zwei-
kampfe überwunden, ändert die falsche Ydain plötzlich ihr
ganzes wesen: während sie vorher den tapfern ritter treulos
verlassen hatte, jubelt sie dem sieger jetzt entgegen, will
ihn mit offenen armen empfangen und sucht ihn zu über-
zeugen, dass sie nur in der festen zuversicht, Gawein werde
als sieger aus dem kampfe hervorgehen, den zweikampf zu-
gelassen habe. Diesmal aber lässt sich Gawein, trotz aller
herzenseinfalt, nicht durch die beteuerungen der jungfrau
bethören: die zeiten, wo man noch auf das wort einer
schönen dame bauen durfte, sind vorüber!

Als anderen, nicht minder treffenden beweis dafür, dass
der verfasser des G. wenig von der treue der frauen hält,
führe ich die stelle aus G. an, wo der dichter den helden
Gawein die geschichte vom bezauberten mantel erzählen
lässt: Irgend ein zauberer hat dem könig Arthur einen
wunderbaren mantel zugesandt, mit dem ersuchen, ihn von
allen damen seines hofes anlegen zu lassen, denn der mantel
sei ein untrüglicher prüfstein der treue der frauen: sei eine
dame treu in ihrer liebe gewesen, so behalte der mantel
seine länge, habe sich aber eine dame in dieser beziehung
einen vorwurf zu machen, habe sie ihr gegebenes wort nicht
stets treu gehalten, so verkürze sich der mantel sichtlich
auf ihrem leibe. Alle hofdamen, auch die königin Genièvre
müssen sich dieser gefürchteten probe unterziehen. Der erfolg ist, dass zur schmach des weiblichen geschlechtes, auch
nicht eine dame für treu befunden, sondern dass sie sämt-
lich durch das verräterische gewand der unbeständigkeit
überführt werden, ja der dichter scheut sich nicht, zu berichten, dass sich der mantel zumal auf dem leibe der

königin und der frau Keu's, des seneschalls, gar auffallend verkürzt habe.

Diese beispiele aus G. werden hinreichen, um des dichters geringschätzung der frauen zu erkennen: auch hierin tritt also ein schroffer gegensatz des verfassers des G. zu unserem Raoul de Houdenc zu tage. Mir erscheint die summe des aus der vorliegenden stilistischen untersuchung gewonnenen beweismateriales überzeugend genug, um mit ihrer hilfe die öfter geäusserte vermutung, dass Raoul de Houdenc mit dem trouvère Raoul, verfasser des „Messire Gauvain", identisch sei, zu widerlegen.

Meine meinung geht, auf grund dieser stilistischen untersuchung, dahin, dass als verfasser der beiden abenteuerromane „Meraugis de Portlesguez" und „Messire Gauvain" unbedingt zwei dichter des gleichen namens Raoul anzunehmen sind.

VITA.

Ich, Alexander Otto Boerner, bin geboren am 6. september 1861 zu Rosswein in Sachsen als vierter sohn des practischen arztes Carl Friedrich Boerner und dessen gattin, Bertha geborene Gumpert. Im evangelisch-lutherischen glauben erzogen, besuchte ich bis zu meiner confirmation die bürgerschule meiner vaterstadt, seit ostern 1875 die realschule I. ordnung zu Dresden-Neustadt und bezog, nach bestandener reifeprüfung, ostern 1880 die landesuniversität Leipzig, um mich dem studium der neueren sprachen zu widmen. Das wintersemester 1881—1882 verbrachte ich in Genf, wo ich, als hörer der herren Humbert, Marc-Monnier, Ritter und Wertheimer, ausschliesslich dem studium der französischen sprache oblag; leider rief mich der plötzliche tod des vaters jäh in die heimat zurück.

Während meiner studienzeit an der universität Leipzig besuchte ich die vorlesungen der herren Biedermann, Birch-Hirschfeld, Curtius, Ebert, Heinze, Hermann, Hildebrand, Masius, von Strümpell, Techmer, Trautmann, Wülcker, Zarncke und war mitglied der seminarien der herren von Bahder, Ebert, Edzardi, Hofmann, Masius, von Strümpell, Techmer, Zarncke.

Mit freuden ergreife ich die gelegenheit, auch an dieser stelle allen den männern, die mich während meiner studienzeit lehrten und leiteten, meinen wärmsten dank auszusprechen.